ENRIC SABARICH

Historia oculta de los merovingios

ALMUZARA

Primera edición: marzo de 2025

Editorial Almuzara • Colección Historia
Editora: Ángeles López
Corrección: María Herrero
Maquetación: Joaquín Treviño

www.editorialalmuzara.com
pedidos@almuzaralibros.com - info@almuzaralibros.com

Editorial Almuzara
Parque Logístico de Córdoba. Ctra. Palma del Río, km 4
C/8, Nave L2, nº 3. 14005 - Córdoba

Imprime: Liberdúplex
ISBN: 978-84-10526-89-1
Depósito legal: CO-253-2025
Hecho e impreso en España - *Made and printed in Spain*

A los que dudan qué camino tomar:
si el de la Historia o el de las historias.

Considerad vuestra simiente:
hechos no fuisteis para vivir como brutos,
sino para perseguir virtud y conocimiento.

(DANTE ALIGHIERI, *La Divina Comedia*. Canto XXVI vv. 118-120.
Palabras de Ulises en la octava fosa del octavo círculo del Infierno)

Índice

A modo de introducción: La sombra de Rennes-le-Château

Sí, lo sé, este es un libro sobre los reyes merovingios; pero no lo puedo evitar: para hablar de ellos debo volver una vez más a Rennes-le-Château, sin duda, mi misterio favorito por excelencia. Si me siguen, lo comprenderán...

Parece que fue ayer, y ya han pasado casi cuarenta años, cuando —con mis dieciocho añitos recién cumplidos— entré en aquella librería de la calle Aribau de Barcelona, cerca del cruce con Diputación —hoy en día ya no existe y no recuerdo el nombre; si alguien la recuerda que me lo haga saber—, y compré un libro que me cambiaría la vida para siempre. Se trataba de *El enigma sagrado*, de los ingleses Michael Baigent, Richard Leigh y Henry Lincoln. Allí supe por primera vez de aquel cura —Bérenger Saunière—, que había llegado a finales del siglo XIX a una pequeña aldea del sur de Francia —Rennes-le-Château—, y que, de la noche a la mañana, se había hecho inmensamente rico gracias a las pruebas encontradas bajo su iglesia que demostraban que el linaje merovingio procedía, nada más y nada menos, de los descendentes de Jesús de Nazaret y María Magdalena, que en algún momento del pasado se habían mezclado con ellos. Y un tal Pierre Plantard, el Gran Maestre del Priorato de Sión, era el último descendente.

En fin, como se pueden imaginar, aquella fascinante historia me atrapó de inmediato. En ella se conjugaban todo tipo de misterios: pergaminos cifrados, sacerdotes corruptos, tesoros escondidos, simbologías heréticas, órdenes secretas, dinastías sagradas y, por supuesto, merovingios... Ya saben, toda una serie de elementos que, combinados entre sí, resultaban altamente explosivos.

Pero, desgraciadamente, con el paso de los años, la pólvora fue cogiendo humedad, y no llegó nunca a estallar, dejando solo un rastro de humo que, durante todos estos años, muchos se han obstinado en venderlo sin escrúpulo alguno.

Todavía hoy en día, Rennes-le-Château recibe cada año miles de visitantes de todo el mundo en busca de respuestas. Unos buscan parte del tesoro que dicen encontró *l'abbé* Saunière, el cura del pueblo; otros llegan siguiendo el rastro de María Magdalena, que según la leyenda pasó por allí; sin embargo, la mayoría espera encontrar símbolos escondidos dejados por el propio sacerdote que los lleve a algún tipo de conocimiento oculto, o bien, directamente, a su tesoro. Pero desgraciadamente, todo esto no es más que un «mito» que desde la muerte de Saunière se ha ido transformando constantemente tomando infinidad de formas. Hace falta, pues, separar el grano de la paja para poder llegar al conocimiento de la verdad.

Pero, vayamos por partes: ¿Cómo empieza esta apasionante historia? Los que ya hayan leído mis libros sobre el asunto[1] ya sabrán de qué va el tema. Los que no, presten mucha atención…

En el año 1885 llega a Rennes-le-Château el nuevo párroco, Bérenger Saunière. Allí se encuentra una triste, y casi en ruinas, iglesia —consagrada a María Magdalena— y una casa parroquial en un estado lamentable. Poco después, a finales de 1891, empieza con la restauración del templo. Así, después de levantar el altar mayor, que reposaba sobre dos pilares visigóticos, descubre en uno de ellos tres cilindros de madera sellados y camuflados entre helechos secos. Contienen cuatro misteriosos pergaminos codificados.

Acto seguido, Saunière visita a su obispo, Félix-Arsène Billard, en Carcasona, llevando los cuatro pergaminos que ha encontrado dentro del pilar. El obispo le ordena viajar a París con el objetivo de llevar los pergaminos a *l'abbé* Bieil, director del seminario de Sanit-Sulpice, y al hijo de su sobrino, Emile Hoffet, para que le ayuden a descifrar el mensaje oculto en los textos.

---

1 *El secreto de Rennes-le-Château. Un viaje iniciático al origen de la leyenda.* Almería. Círculo Rojo. 2014; Bonet, X., Ó. Fábrega y E. Sabarich: *Compendium Rhedae. 100 años de Rennes-le-Château.* Almería: Círculo Rojo, 2017; *Retorno a Rennes-le-Château.* Còrdoba: Editorial Almuzara, 2017; *La caja secreta.* Córdoba: Editorial Almuzara, 2018.

Durante estos días en París, Saunière se dedica a visitar la capital, siempre acompañado por Hoffet, y durante una de sus visitas al Louvre, compra las reproducciones de tres cuadros: un retrato del papa Celestino v, de autor desconocido; el *San Antonio Eremita* de David Teniers; y *Les Bergers d'Arcadie* (*Los pastores de la Arcadia*) de Nicolas Poussin. Además, en París conoce Emma Calvé, una famosa cantante de ópera, amiga íntima del compositor Claude Debussy —también íntimo de Hoffet—, con la cual inicia una relación amorosa.

Semanas más tarde, Saunière vuelve a Rennes-le-Château y retoma las obras de la iglesia. Allí levanta una losa enorme situada a los pies del altar, y al darle la vuelta, se da cuenta de que el reverso está esculpido. Es la famosa «Losa de los Caballeros» —en la segunda parte de este libro hablaré extensamente de ella—. Ordena excavar una fosa de un metro de profundidad en aquel mismo lugar y encuentra un par de esqueletos y una olla con objetos brillantes sin valor aparente, según les manifiesta a los albañiles.

A partir de este momento, Saunière empieza a ausentarse diariamente del pueblo, siempre acompañado por Marie Dénarnaud, su fiel gobernanta, con la excusa de ir a recoger rocas para construir una gruta en homenaje a la Virgen de Lourdes. Además, durante las noches empieza a realizar extrañas actividades en el cementerio, cambiando lápidas de lugar y borrando la inscripción sepulcral de la tumba de Marie de Negre d'Ables, la marquesa de Blanchefort, la señora del lugar. Como es de suponer, estas actividades nocturnas alertan a los vecinos, quienes acaban quejándose al ayuntamiento.

Por aquella época, Saunière también empieza a viajar mucho, aunque se desconoce a dónde iba. Llegan infinidad de giros postales desde lugares lejanos, como Alemania, España, Suiza o Italia, así como desde varias comunidades religiosas. Saunière empieza a tener dinero y a gastar a manos llenas.

En 1896 añade esculturas, relieves y cristaleras nuevas a la iglesia, así como un nuevo púlpito, un nuevo altar y un suelo ajedrezado. El conjunto se acaba en 1897 y el propio obispo Billard es invitado a la inauguración. Poco después, en 1900, Saunière compra unos terrenos en el pueblo y construye la Torre Magdala, una torre neogótica donde sitúa su biblioteca personal, y la Villa Betania, una majestuosa villa señorial. Además, empieza a coleccionar sellos y postales, muebles antiguos, telas, cuberterías y vajillas. Incluso crea un pequeño parque zoológico en los jardines, donde planta árboles exóticos. En los salones de la Villa Bethania organiza suntuosas cenas a las cuales acuden la flor y nata de la región y personalidades del momento, como el secretario de Estado de Bellas Artes, Dujardin-Beaumetz, la misma Emma Calvé o, incluso, el archiduque Juan de Habsburgo, primo del emperador del Imperio austrohúngaro.

Pero en 1902, monseñor de Beauséjour sucede a monseñor Billard como obispo de Carcasona y el ritmo de vida de Saunière se resiente considerablemente. Beauséjour, intrigado con la supuesta fortuna del sacerdote y con su ostentosa manera de dilapidarla, empieza a apretarle las tuercas. Saunière es llamado a declarar en repetidas ocasiones en la corte de Carcasona, hasta que finalmente se ve obligado a ir. Allí declara que su dinero procede de donaciones particulares y que no puede revelar esos nombres puesto que están sujetos al secreto de confesión. El obispo, descontento con la explicación, finalmente lo acusa de traficar con misas. Así, el 5 de diciembre de 1910, lo declaran suspenso *a divinis*, por lo cual a partir de este momento ya no le está permitido impartir sacramentos ni celebrar misa alguna en la iglesia de Rennes-le-Château.

Saunière, siguiendo el consejo de su abogado, el canónigo Huguet, apela al Vaticano, consiguiendo al final demostrar la falsedad de las acusaciones. Así, en 1913 la condena es desestimada. Aunque el 11 de abril de 1915, después del contrarrecurso del obispado de Carcasona, Saunière es suspendido de nuevo, y esta vez de manera definitiva. *L'abbé* Marty ha sido nombrado su sustituto en Rennes-le-Château, pero celebra la misa en una iglesia vacía, ya que los vecinos van a la que da Saunière en la pequeña capilla privada que el sacerdote había construido junto a la Villa Betania.

Finalmente, el 17 de enero de 1917, Saunière cae desplomado en la puerta de la Torre Magdala, víctima de una apoplejía, de la cual ya no se recuperará. Se manda llamar a *l'abbé* Rivière, del vecino pueblo de Espéraza, para que le dé la extremaunción, pero una cosa extraña sucede. A partir de este momento el carácter de Rivière se transforma, volviéndose huraño y reservado. Sin duda, algo terrible le ha confesado Saunière. Cinco días después, a sus sesenta y cinco años, Bérenger Saunière muere. Su cuerpo es expuesto en el mirador cubierto con un mantón con pompones rojos. El pueblo entero acude a despedirse de su querido sacerdote, llevándose como recuerdo, uno a uno, todos los pompones.

Una vez muerto el sacerdote, se sabe que Marie Dénarnaud ha heredado todo el *domaine* de Saunière. Además, Marie guardará celosamente durante toda su vida el secreto del origen de la fabulosa fortuna de su estimado *abbé*.

Una historia muy bonita, ¿verdad? ¡Lástima que sea falsa! Bien, cuando menos, gran parte de este hilo narrativo es producto de las sucesivas intoxicaciones que ha sufrido la historia, dando lugar al que los franceses denominan *La Belle Histoire*, es decir, el Mito, con mayúsculas.

Pero ¿cómo se crea este mito?

El primero en hablar del fabuloso tesoro encontrado por *l'abbé* Saunière fue Noël Corbu, un industrial parisino que en los años 40 acabaría heredando todas las propiedades de Marie Dénernaud. Después de la muerte de Marie, el 29 de enero de 1953 —sin llegar a revelarle nunca el origen de esta fortuna, a pesar de que le había prometido que lo haría—, Corbu acabaría montando un pequeño hotel-restaurante familiar en la Villa Betania para rentabilizar su inversión. Pero como el negocio no acababa de salir adelante, decidió cambiar de estrategia. Después de hurgar entre los papeles del propio Saunière, y poniéndole mucha imaginación, Corbu confeccionó una atractiva historia que iba explicando, primero mesa por mesa y después a través de una cinta magnetofónica, a sus clientes del restaurante.

Finalmente, a mediados de enero de 1956, el relato de Corbu salió publicado en una serie de tres artículos en el diario local *La Dépêche du Midi* con el título de *La fabuleuse découverte du curé aux milliards de Rennes-le-Château* («El fabuloso descubrimiento del cura de los millardos de Rennes-le-Château»). Allí, Corbu mantenía que, gracias a los supuestos pergaminos encontrados por Saunière y después de su misterioso viaje a París, encontró el tesoro de la reina Blanca de Castilla, un tesoro de 50 millardos de francos. Si 1 millardo corresponde a 1000 millones, estaríamos hablando de 50.000 millones de francos. Una verdadera barbaridad. Además, Corbu explicaba que una parte de esta fortuna todavía estaba allí abajo enterrada. El cebo estaba lanzado.

A partir de este momento, se produce una verdadera fiebre del oro, donde centenares de turistas de fin de semana llegaban cargados con pico y pala —y a veces incluso con dinamita— para encontrar el tesoro del cura. Esto provocó que finalmente un edicto municipal del 1965 prohibiera realizar todo tipo de excavación en el pueblo de Rennes-le-Château.

Estos eran solamente los primeros coletazos del Mito. Un mito que con el inefable Pierre Plantard, llegaría a cotas delirantes. Veamos…

Efectivamente, a comienzos de los años 60, entra en escena Pierre Plantard, tras conocer la historia de Saunière a través de los artículos de la prensa. En 1967, junto con Gérard de Sède, publicará *El oro de Rennes*, obra clave que giraba en torno a los pergaminos codificados que permitían la conexión con los merovingios, la dinastía franca que había sobrevivido en secreto, después de la muerte de Dagoberto II, en Rennes-le-Château, en la figura de su hijo Sigeberto IV, el iniciador de un linaje que habría de llegar hasta la actualidad bajo el paraguas del Priorato de Sión. Con Plantard, los merovingios entraban en escena por primera vez en este *affaire* —en la segunda parte hablaremos largo y tendido sobre Pierre Plantard y su relación con los merovingios—. Pero aún faltaba otra vuelta de tuerca con la llegada de *El enigma sagrado.*

Henry Lincoln, un guionista de televisión inglés, se vio atrapado por esta historia a principios de los años 70. Tras investigar por su cuenta, finalmente propuso a la BBC la realización de un documental sobre el asunto que acabaría estrenándose en 1972 bajo el título de *The Lost Treasure of Jerusalem* (*El tesoro perdido de Jerusalén*). Ese sería el preludio de *El enigma sagrado,* que Lincoln coescribió en 1982 junto a Michael Baigent y Richard Leigh. Allí, además de profundizar en la trama merovingia insinuada en *El oro de Rennes,* los tres autores ingleses daban un paso más al plantear que en realidad aquel linaje custodiado por el Priorato de Sión procedía, nada más y nada menos, que de los descendientes de Jesús de Nazaret y María Magdalena, que en algún momento del pasado se habían mezclado con los merovingios. Un verdadero salto de fe.

Llegados a este punto, hace falta que nos hagamos una pregunta fundamental: ¿qué pasó realmente en Rennes-le-Château tras la llegada de Bérenger Saunière?

Analizando toda la documentación de la época, mucha de ella dejada por el propio Saunière, la verdad es que obtenemos una historia muy diferente a la que siempre nos han explicado. Veámoslo de manera esquemática en estos cinco puntos. Acompáñenme y se sorprenderán:

Primero. Saunière no muestra ningún signo de riqueza hasta quince años después de llegar a Rennes-le-Château y tarda diez años al rehabilitar la iglesia: esto hace que el tesoro encontrado por el sacerdote sea totalmente prescindible para explicar su repentina fortuna. De hecho, no tendríamos que hablar de repentina fortuna ya que, como decimos, Saunière tardó diez años a acabar las obras de su iglesia (de 1887 a 1897), y no muestra signos de disponer de dinero en cantidades importantes hasta 1900, con la compra de los terrenos y la edificación de la Vila Betania y la Torre Magdala.

Segundo. Saunière trafica con misas de manera persistente y continuada: en aquella época, un sacerdote solo podía realizar tres misas al día. En caso de que hubiera más solicitudes de misas, los curas estaban obligados a cederlas a otros compañeros con menos suerte. Saunière nunca lo hizo. Y no solo eso, sino que durante años se encargó de pedir de forma masiva solicitudes de misas por toda Francia. Un ejemplo: en 1909, Saunière vendió cerca de 4800 misas, a un franco cada una. Hagan los cálculos…

Tercero. Saunière no deja ninguna simbología herética dentro de su iglesia: sabemos que todas las estatuas y los pasos del vía crucis fueron comprados a plazos y por catálogo a la empresa Giscard de Toulouse. Si había algo anómalo en las estatuas, sin duda está presente en decenas de iglesias más, lo cual demuestra que no se trata de nada intencionado por parte de Saunière, sino, en todo caso, de Giscard. Es más, en el propio contrato que firmó con esta empresa, el 20 de noviembre de 1896, nuestro cura incluyó una cláusula sorprendente:

> «Finalmente, en caso de muerte, el señor Saunière autoriza el señor Giscard a eliminar de la iglesia en Rennes todos los objetos por los cuales no se haya recibido el pago, salvo que la comuna de Rennes o la propia Fabrica se comprometan a pagar por ellos».

¿Cómo explicar que en las estatuas de aquella iglesia hubiera un mensaje oculto, que Saunière quiso dejar para la posteridad, si no le importaba que se destruyeran en caso de haber muerto sin pagarlas? Absurdo[2].

Cuarto. Saunière fue el primer guía turístico de Rennes-le-Château: en 1905, el cura pone a la venta una colección de treinta y tres postales donde se mostraban las construcciones que había hecho en el pueblo, así como la nueva iglesia restaurada. Y en muchas de ellas aparecía el propio Saunière, incluso a veces acompañado por su fiel Marie. ¿Por qué hizo tal cosa? ¿Estaba orgulloso de su obra y quería ostentarla a los cuatro vientos? Lo cierto es que, con el tema de las postales, Saunière se había montado su propio negocio turístico. Él mismo lo acabaría confesando más tarde cuando le tocó justificar sus ingresos ante un tribunal:

> «Las tarjetas postales son de vistas a Rennes-le-Château. Hay treinta y tres, a diez céntimos cada una. Todos los bañistas compran toda la colección. Estas postales son de tal éxito que apenas puedo proveerlas. Las postales son recientes y son de mi propiedad».

Parece ser, pues, que él mismo hacía de guía turístico para los bañistas de la vecina Rennes-las-Bains[3], que subían al pueblo a ver toda la obra del sacerdote.

2 Los que han defendido la afiliación de Saunière a algún tipo de sociedad secreta o iniciática, basándose también en la supuesta simbología de la iglesia, no suelen tener en cuenta ni la personalidad del sacerdote, ni sus creencias ideológicas, ni algunos indicios que hay en la propia iglesia, que hacen muy difícil de sostener la hipótesis masónica, por ejemplo, que es la más extendida. Pongamos un ejemplo: en el pórtico de entrada, justo encima de la puerta, Saunière colocó tres escudos de armas, pertenecientes al obispo Billard, gerente de la diócesis en aquella época, al papa León XIII, regente del Vaticano en estos años, y al obispo Leuillieux, el que lo nombró sacerdote. Bien, lo curioso del caso es que los tres fueron conocidos por su actitud militante contra la masonería. León XIII redactó 4 de las 15 encíclicas que la Iglesia ha emitido contra esta institución, y Billard publicó decenas de cartas pastorales atacando a los masones. ¿Cómo explican esto los defensores de la teoría masónica?

3 A comienzos del siglo XIX, Rennes-les-Bains se convertiría en una estación termal muy frecuentada, sobre todo gracias a la moda de tomar las aguas surgida en toda Francia durante el Segundo Imperio. En relación a las postales y al tratar de justificar los diez cepillos que se encontraban repartidos por toda la iglesia —incluso en la puerta del cementerio habían dos—, el propio Saunière nos dice: «El cepillo estaba destinado a los visitantes que, después de escuchar mis explicaciones sobre Rennes-le-Château y aceptar mis cortesías, recompensaban mi complacencia con una limosna, que en definitiva, eran propinas. Como los bañistas de Rennes-los-Bains y otros lugares eran numerosos, esto explica su generosidad».

Quinto. Saunière tuvo una fuente de ingresos clandestina relacionada con unos asuntos turbios en los que estaba involucrado su obispo, Monseñor Billard. Sin duda, el obispo de Carcasona tenía una relación muy especial con Saunière. ¿Por qué? Lo cierto es que estuvo implicado en numerosos asuntos económicos muy sucios, como cuando en 1893 se había embolsado 1.200.000 francos del testamento de una pobre mujer, madame Sabatier[4]; o cuando se le acusó de robar 600.000 francos de los ahorros de la Caja de Pensiones de los sacerdotes jubilados de su diócesis. Durante el proceso hecho a Saunière, el cura confesó que había gastado 193.000 francos, nada comparado con el dineral que se llevaba entre manos su obispo, un personaje que no dudaba a utilizar a varios de sus sacerdotes como testaferros —como también se supo—, para disimular su extraordinaria riqueza. ¿Fue Saunière uno de esos testaferros? Esa es, sin duda, una posibilidad que cada vez gana más peso.

¿A que ahora ven toda esta historia de un modo distinto, mucho más *terrenal*? Pero si creen que tras este *repaso* ya no quedan misterios en Rennes-le-Château, van muy equivocados. Todavía nos quedan un puñado de preguntas sin respuesta: ¿encontró realmente Saunière un fabuloso tesoro?; ¿hay una cripta bajo el templo?; ¿por qué la iglesia de Rennes-le-Château se consagró a María Magdalena?; y, sobre todo —lo que más nos interesa en el presente libro—: ¿es merovingia la célebre «Losa de los Caballeros»?

Como ya hemos apuntado antes, no es necesaria la presencia de este fabuloso tesoro para explicar la riqueza del cura. Pero ¿existió el tesoro o no? De hecho, la referencia más antigua a un tesoro no es de Corbu, sino que ya la encontramos en 1936, en la obra de Jean Girou, *L'itinéraire en Terre d'Aude*, donde por primera vez se habla del tesoro como explicación de la fortuna de Saunière: «(...) esta es la casa de un sacerdote que construyó esta suntuosa mansión con el dinero de un tesoro encontrado, dicen los aldeanos».

Pero esto no quiere decir que Saunière no pudiera haber encontrado un pequeño tesorillo, una pequeña cantidad de dinero escondida por algunos de sus antecesores, o por algunos nobles durante

4 El Vaticano lo acabó sancionando por eso, inhabilitándolo durante tres meses y obligándolo a dar 200 000 francos para la reconstrucción del Monasterio de Notre Dame de Prouilhe.

su fuga del terror que representó la Revolución francesa. Es posible, pero de momento no tenemos ninguna prueba de ello[5].

Uno de los grandes misterios sin resolver de Rennes-le-Château es saber si realmente existe una cripta bajo la iglesia de Santa María Magdalena. Según consta en un viejo registro parroquial (1694-1726), existía un «*tombeau des seigneurs*» bajo la iglesia, donde estaban inhumados tres personajes nobles de la zona, los señores de Rennes:

> «[...] que después de mi defunción mi cuerpo sea enterrado en la iglesia parroquial de Rennes, la tumba de mis predecesores». (Testamento de Henri de Hautpoul, 1695).

> «[...] enterrada el treinta y uno de este mes en la iglesia de este lugar, en la tumba de los señores que está junto al balaustre». (Anne Dalsol. 1705).

> «Noble señor Henry du Vernet, teniente coronel de caballería [...] enterrado en la iglesia del lugar a la tumba de los señores [...] firmado Vernat, padre». (Henry du Vernet. 1724).

A partir de la inhumación de Henry du Vernet en 1724 ya no se documenta ningún otro entierro en el *tombeau*. El siguiente noble enterrado fue el pequeño Joseph, el hijo de la marquesa de Blanchefort, el 8 de marzo de 1739, pero en esta ocasión en el cementerio de Rennes le Château, «en el cementerio de la parroquia cerca de la gran cruz». En aquel momento la tumba de los señores ya estaba cerrada. ¿Por qué?

Entre los años 1725 y 1736, la iglesia de Rennes-le-Château fue administrada por dos frailes capuchinos: *Frère* Dominique de Pamiers y *Frère* Michel-Ange de Rodez. ¿Fueron ellos los responsables del cierre de la tumba? ¿O fue el propio *abbé* Vernat, después de la inhumación de Henry lleva Vernet en 1724? No lo sabemos.

---

5 El investigador francés Patrick Mensior, en su libro *Le journal de l'abbé Saunière (1901 à 1905)* nos propone una hipótesis documentada sobre el hallazgo del tesoro: muy cerca del pueblo, Saunière habría encontrado un tesoro disimulado del siglo XVIII, del que sacó provecho hasta el año 1905, cuando, después de un accidente —que *l'abbé* consideró como una advertencia del Cielo—, decidió volver a cerrar el acceso y no volvió nunca más... Interesante hipótesis.

Lo que sí sabemos es que existe la tumba de los señores de Rennes bajo la iglesia de Rennes-le-Château. Así nos lo confirma la documentación. El problema es que no se ha podido excavar nunca para comprobarlo —¿recuerdan la prohibición explícita de excavar en el pueblo?—, cuando menos, de manera oficial.

Sin embargo, sí se han podido hacer toda una serie de prospecciones bajo el suelo de la iglesia de Santa María Magdalena, mediante el sistema GPR (*Groung Penetrating Radar*), un sistema de prospección no invasivo que propaga en el suelo unas ondas electromagnéticas de alta frecuencia. Pero, desgraciadamente, los resultados del georradar nunca han sido lo suficientemente satisfactorios ni concluyentes[6].

El nombre de la iglesia de Rennes-le-Château continúa siendo, hoy en día, uno de los misterios más inquietantes de este *affaire*. Sabemos que, en 1185, 1246 y 1255, el pueblo de Rennes-le-Château aparece en la documentación con el nombre de *Beate Marie de Reddis*, *Beata María de Reddas* o *Santa María de Reddes*, respectivamente, es decir, que en aquella época la iglesia tenía que estar consagrada a la Virgen María, y no a María Magdalena. Sin embargo, en los documentos de los siglos XVI al XIX, la Virgen María ya ha sido sustituida por la *Eglise de Madeleine de dit lieu de Regnes* (1529) o *Sainte Magdelaine de Rennes* (1710). Por lo tanto, entre el 1255 y el 1529 —274 años de nada— la iglesia de Rennes-le-Château se consagró a María Magdalena. ¿Por qué? ¿Qué sucedió en este lapso para que se cambiara el nombre de la iglesia?

La pista la encontramos en un estudio de un tal M. Chaume, aparecido el 1936 a los *Annals de Bourgogne*, donde se decía que el cambio de advocación de una iglesia es un hecho anormal, solo justificable en caso de un incidente extraordinario, como «el hallazgo de

6 En 2009 se contrató un equipo británico encabezado por el doctor Richard Heygate, quién había obtenido el permiso de la DRAGÓN (*Direction Régionale des Affaires Culturelles*), para que realizara unas mediciones con el GPR bajo la iglesia. Los resultados de estas lecturas nunca se hicieron públicos, aunque hubieron ciertas filtraciones, según las cuales, la tumba de los señores de Rennes tenía un tamaño de unos quince metros cuadrados, y se encontraba a pocos metros del suelo de la iglesia, bajo la estatua de San Antonio de Padua; por otro lado, el georradar también detectó otra cámara inferior, posiblemente una cripta, a unos tres metros de profundidad; y ambas cámaras estaban unidas entre sí por un estrecho túnel o pasillo.

unas reliquias o la sepultura del cuerpo de un santo». ¿El hallazgo de unas reliquias o la sepultura del cuerpo de un santo? ¿Sucedió esto en la iglesia de Rennes-le-Château? No lo sabemos. Pero la idea es más que sugerente, si tenemos en cuenta que en 1279 había empezado en Saint Maximin el culto a María Magdalena[7]. ¿Y si una parte de las reliquias de Saint Maximin había ido a parar a Reddes, y de aquí el cambio de nombre de la iglesia?

Esta era una posibilidad más que inquietante, y que explicaría muchas cosas, así como el interés que siempre mostró *l'abbé* Saunière por la santa. Sabemos que tenía la intención de hacer de Rennes-le-Château un lugar de culto y de peregrinación dedicado a María Magdalena, que incluso escribió a Saint-Maximin pidiendo consejo. Finalmente —desconocemos el motivo— su sueño no se hizo realidad[8].

En cuanto a si la célebre «Losa de los Caballeros» pudo ser merovingia o no... esperen y verán.

En fin, como han podido comprobar, el misterio de Rennes-le-Château resta bien alejado de tesoros cátaros y sueños de estirpes sagradas custodiadas por órdenes secretas. Podríamos decir que es mucho más *mundanal*. Pero, a pesar de todo, todavía no se ha dicho la última palabra sobre el tema. La puerta continúa abierta para nuevas generaciones de investigadores. Si alguien se anima, ahora ya sabe de qué hilos puede tirar y de cuáles no. ¿Se atreven?

Pero antes sepamos, por fin, quiénes fueron en realidad esos misteriosos reyes merovingios y cuál era su verdadera conexión con Rennes-le-Château —si es que existió alguna, claro—. ¿Me acompañan?

---

7 Según la leyenda, María Magdalena había vivido como eremita en la Provenza —exactamente en la cueva de Saint-Baume—, hasta que unos ángeles se la llevaron a la vecina localidad de Saint-Maximin, donde moriría y sería enterrada. La propia jerarquía eclesiástica había reconocido finalmente en el siglo XIII como auténticos los restos encontrados bajo la cripta de la iglesia de Saint-Maximin-la-Sainte-Baume, en detrimento de los depositados a Vézelay (Borgoña) por el conde de Roussillon en el siglo IX.

8 Incluso encargó y recibió una estatua policromada arrodillada de la Magdalena destinada a ocupar la gruta de rocalla del calvario. Esta estatua nunca fue colocada en el interior de la gruta, y acabó deambulando por diferentes rincones del *domaine*.

PRIMERA PARTE
Los hijos de Meroveo

La confederación de los francos

«Estamos en el año 50 antes de Jesucristo. Toda la Galia está ocupada por los romanos… ¿Toda? ¡No! Una aldea poblada por irreductibles galos resiste todavía y siempre al invasor…».

Seguro que recuerdan cómo empezaban todos aquellos cómics de nuestra infancia, sin duda, una de las historietas gráficas más famosas del mundo: *Astérix*. A finales de los años 50 del s. XX dos amigos, el guionista René Goscinny y el caricaturista Albert Uderzo, unieron sus fuerzas para crear un cómic histórico sobre Francia. Y como se dieron cuenta de que uno de los periodos menos estudiados en su país era el de los galos, decidieron situar su historia en el año 50 a. C. Y es precisamente en ese año cuando arranca la nuestra…

Cuando entre los años 58 y 51 a. C. Julio César logró conquistar todo el territorio de la Galia tras la archiconocida Guerra de las Galias, los galos fueron absorbidos y latinizados sin piedad por la República romana. Más tarde, con la llegada del Imperio, Octavio Augusto crea cuatro provincias en la zona: la *Galia Narbonensis* —que incluía parte de Occitania y la Provenza, así como partes de la Borgoña—, con ciudades como Marsella; la *Galia Aquitana*, con Burdeos como capital; la *Galia Lugdunensis* —entre los ríos Loira y Sena—, donde se encontraba la ciudad de Lugdunum, la actual Lyon; y finalmente la *Galia Belga* —más o menos entre el Sena y el Rin—, con su capital Durocortorum, la futura Reims.

Hacia el año 250 d. C., el Imperio Romano, ya en plena crisis, entra en contacto con un conglomerado de tribus germánicas asentadas en los actuales Países Bajos, en el valle de bajo Rin: son los camavos, los brúcteros, los amsivarios, los catuarios, los catos, los téncteros, los usípetos, los tubantes, los bétaros y los sicambrios. Ante el avance imparable de los romanos, en el año 11 d. C. estas tribus decidieron unir sus fuerzas bajo el nombre de francos[9].

De hecho, esta confederación de los francos siempre se había situado muy cerca a la desembocadura del Rin, en zonas próximas al Imperio, por lo que cuando vieron la más mínima debilidad por parte de los romanos, aprovecharon para entrar en su territorio. Así, a mediados del siglo III, los francos —que por aquel entonces ya se habían dividido en dos: los salios y los ripuarios[10]—, comenzaron a penetrar en la frontera romana alrededor de Maguncia, pero muy pronto fueron expulsados por el emperador Probo. Sin embargo, y a pesar de la derrota, los movimientos contra los cada vez más debilitados romanos llevaron a que el emperador Juliano comprase la paz en el año 358, entregando la región de Toxandria —al norte de Amberes y al sur del Rin— a los francos salios quienes, a partir de ese momento, y en calidad de *foederati*, se convierten *de facto* en aliados romanos, es decir, en tropas federadas del ejército romano; tropas que, en compañía de los visigodos, acabarían derrotando al mismísimo Atlila, el rey de los hunos, en la célebre batalla de los Campos Cataláunicos (451).

Aquello sería el principio del fin para el Imperio romano. De entre todas las tribus que formaban dicha confederación fueron precisamente los salios quienes lograron eliminar toda competencia, y entre los años 486 y 511 acabarían conquistando la Galia por completo: primero, apareciendo como «reyes de los francos» en el ejército romano del norte del territorio galo; luego, hacia el 509, y encabezados por Clodoveo I, unificando a todos los francos y galorromanos del norte bajo su dominio; y finalmente, extendiendo su control desde el noroeste de las actuales Francia, Bélgica y Países Bajos, conquistando las antiguas diócesis romanas de *Viennensis* y *Galliarum*, y derrotando a su vez a visigodos (507) y burgundios (534). Incluso

9 La palabra franco significa «libre» en la lengua de los francos, ya que estos no estaban dominados por el Imperio romano ni por ningún otro pueblo. Dado que la raíz *frank-* no es una raíz germánica conocida, se piensa también que podría derivar de *frei-rancken* (libere vacantes) que significa «libres viajeros».

10 Los francos salios habitaban el valle inferior del río Rin, en los actuales Paises Bajos y noroeste de Alemania; mientras que los francos ripuarios habitarían el curso medio del Rin.

en Germania, pueblos no romanizados como los alamanes, bávaros, turingios y sajones acabaron por aceptar su señorío. Al Imperio romano de Occidente le había sucedido un mosaico de reinos bárbaros. Roma ya nunca más sería Roma.

Los míticos reyes salios

Pero antes de llegar a ese control absoluto de la Galia —y de la entrada en escena de los reyes merovingios—, los francos salios ya se habían organizado en una serie de reyes de carácter mitológico. El primero de ellos lleva por nombre Faramundo.

Este rey legendario de los francos salios es mencionado por primera vez en un texto anónimo de época carolingia, el *Liber Historiae Francorum* o *Gesta Regnum Francorum,* en donde se narra la elección del primer rey franco. Marcomir, líder de los amsivarios y los catos, propone al pueblo que tengan un único rey en la figura de su hijo Faramundo. El pueblo acepta, y así, en el año 420 Faramundo es proclamado primer rey de los francos salios.

Un dato curioso: el *Liber* lo describe como un joven de largos cabellos, aspecto que, como muy pronto veremos, relaciona al monarca salio directamente con sus descendientes inmediatos, los reyes merovingios.

Pero ¿existió realmente Faramundo? Bien, la verdad es que, históricamente hablando, no existe ninguna referencia del joven rey salio que sea anterior al siglo VIII, por lo que siempre se le ha considerado un personaje legendario. Ni siquiera Gregorio de Tours, el principal cronista de los francos en su *Historia Francorum,* jamás lo menciona; aunque sí nos habla de la existencia de numerosos reyezuelos germánicos que reinaban simultáneamente por la zona. ¿Fue Faramundo uno de esos jefes tribales de la época de las invasiones bárbaras? Es posible. Aunque si analizamos el propio nombre del monarca melenudo bien podríamos decantarnos sin problema alguno hacia su carácter meramente legendario.

Si acudimos a la etimología vemos que el nombre Faramundo puede relacionarse con las raíces fráncicas[11] «*fara*», que hace referencia al concepto de tribu; y «*mund*» o poder divino, es decir, la idea de protección de alguien poderoso. Así, Faramundo podría traducirse como «protector de la tribu», la cual cosa daría argumentos más que suficientes a lo que mantienen el carácter simbólico del este ancestro mítico de los salios.

Faramundo, el «primer rey de Francia», como aparece en este grabado de 1580.

Pero lo cierto es que Faramundo —legendario o no— dispuso que su hijo Clodión heredara el trono. Y así fue.

Clodión el Cabelludo —llamado así porque tenía el pelo muy largo, incluso más que su padre— comenzó su reinado con mal pie (428). A las primeras de cambio, el semilegendario rey fue atacado por el general romano Aecio quien, al frente de un gran ejército, lo

11 El idioma fráncico es una lengua germánica occidental hablada por los francos y extinta desde la Edad Media. Era hablado nativamente con anterioridad en zonas de las actuales Bélgica, Países Bajos, Luxemburgo, Francia y Alemania.

derrotó y lo desposeyó de todas sus posesiones en la Galia. Clodión, en un intento de venganza por tamaño agravio, cae sobre Turingia y se dedica al pillaje. Pero Aecio vuelve a derrotarlo de nuevo, y esta vez consiguen instaurar la paz en todo el territorio. Paz, por cierto, que habría de durar muy poco, ya que el inquieto Clodión —y su larga melena—, viendo que las villas de la futura Bélgica se encontraban sin defensa, conquistó el país. Sin embargo, esta fue una con-

Grabado del rey Clodión realizado en 1690 por Nicolás II de Larmessin.

quista efímera, ya que el insistente Aecio —quien ya le tenía tomada la medida al pobre Clodión— volvió a derrotarlo por tercera vez, recuperando todos los territorios que había conquistado el salio. Decididamente, el «*mund*» o poder divino de Clodión el Cabelludo, que aparentemente residía en su larga cabellera, no le había servido de mucho ante la contundencia del general romano.

El hijo del Quinotauro

La figura del tercer rey de los francos salios siempre ha estado envuelta en un aura de misterio. Su nombre es Meroveo, y sin duda, su realidad histórica ha quedado eclipsada por la leyenda. Unos mantienen que fue hijo de Clodión, a quien sucedió en el trono en el año 450; mientras que otros pretenden que solamente fue un familiar del «Cabelludo»[12]. Sea como fuere, lo cierto es que un príncipe con ese nombre reinó sobre los salios. Y es precisamente por su nombre por lo que los reyes de la primera dinastía franca fueron llamados merovingios.

Al menos eso es lo que se mantiene en la *Crónica de Fredegario,* una de las pocas fuentes de información sobre la dinastía merovingia, en donde su presunto autor, el clérigo Fredegario, atribuye la fundación de la dinastía de los merovingios a un sujeto llamado Meroveo. Aunque, en realidad, es Gregorio de Tours, en su *Historia Francorum,* quien nos aporta la primera fuente en la que se menciona a Meroveo.

Pero volvamos al bueno de Fredegario. En su *Crónica*, el clérigo afirma que la esposa de Clodión habría dado a luz a Meroveo, pero que, en realidad, este era hijo de dos padres. ¿Cómo era eso posible? Según nos cuenta el cronista, lo que en verdad había ocurrido es que la madre de Meroveo, estando ya embarazada de su esposo, se había ido a nadar en el mar, y allí fue violada por una criatura marina no identificada, una «*bestae Neptuni Quinotauri similis*», es decir, una «bestia de Neptuno que se asemeja a un Quinotauro». Así

12 La obra anónima *Liber Historiae Francorum* identifica explícitamente a Meroveo como pariente de Clodión.

pues, aquella criatura había fecundado a la mujer por segunda vez, por lo que Meroveo, al nacer, llevaba en sus venas una mezcla de dos sangres diferentes, ya que era hijo de un rey mortal y de una bestia mítica. Pero ¿qué demonios era el Quinotauro?

El hecho de que la única mención del Quinotauro la tengamos solamente de la mano del clérigo Fredegario sigue generando incertidumbre en la mente de algunos historiadores. Para algunos estudiosos, en realidad, el Quinotauro sería simplemente una transcripción erronea de la palabra «Minotauro», ya saben, el mítico monstruo de la mitología griega con cuerpo de hombre y cabeza de toro que deambulaba por el laberinto de Creta y que murió a manos de Teseo. Es posible. El escriba pudo muy bien haberse equivocado al poner por escrito la historia, haciéndonos creer que se trata de una bestia mitológica desconocida.

O quizá lo que en realidad pretendía Fredegario era elevar a Meroveo a la categoría de héroe mitológico. Sin duda, el hecho de tener por padre a un monstruo marino haría de Meroveo —y de todos sus descendientes por extensión— un personaje diferente, una suerte de semidiós con derecho divino al trono. En este sentido, algunos historiadores han sugerido que los merovingios eran de hecho considerados «reyes sagrados», unos reyes sin duda especiales, superiores al resto de los mortales.

El Quinotauro viola a la esposa del rey Clodión, que lleva en su vientre al futuro rey Meroveo. Obra del artista Andrea Farronato.

Llegados a este punto, podemos plantearnos una sugerente pregunta: ¿está enmascarando esta fantástica leyenda, entre alegorías y simbolismos, algún hecho histórico concreto? Imaginemos. ¿Y si toda esta historia fabulosa de la concepción mitológica de Meroveo en realidad estaba escondiendo su nacimiento ilegítimo? ¿Y si la mujer de Clodión había cometido un «desliz extramatrimonial» lo que había provocado que el linaje dinástico de los francos se mezclara con otro pueblo procedente del mar? ¿Y si, en definitiva, el Quinotauro era en realidad mucho más humano de lo que habíamos creído?

Sea como fuere, lo cierto es que, en virtud, pues, de esa sangre dual, la figura casi sobrenatural y legendaria de Meroveo —de hecho, la propia raíz de su nombre: «mère» («madre») y «mer» («mar»), nos hace recelar de su historicidad[13]— muy pronto se dotó de una impresionante colección de poderes sobrehumanos. Poderes que, a la postre, se extendieron por toda la dinastía merovingia, envuelta a partir de ese momento en un aura de magia, brujería y fenómenos sobrenaturales. Pronto hablaremos de todo esto.

13 A pesar de ello, la mayoría de los historiadores creen que Meroveo estuvo con el ejército romano en la sangrienta batalla en la que el general romano Aecio venció al huno Atila en la llanura de los Campos Cataláunicos (451).

El primer merovingio

Si abandonamos por un momento las brumas de la leyenda, nos topamos de pleno con el primer rey franco completamente histórico: Childerico I. El mismísimo Gregorio de Tours nos asegura que Childerico es el hijo de Meroveo, asociándolo con distintas acciones militares romanas alrededor del río Loira. Nos cuenta el cronista que el rey salio es exiliado a Turingia durante ocho años debido al disgusto de los francos por su libertinaje y la seducción de las hijas de sus súbditos. Durante ese período, será el *magister militum* romano de la Galia, el general Egidio, quien ostentará momentáneamente el título de rey de los francos.

A su regreso del exilio, Childerico se casa con la esposa de su anfitrión, Basino, el rey de los turingios. La historia no deja de ser curiosa, ya que será la propia reina Basina quien abandone a su marido y se vaya a la Galia a pedir la mano de Childerico, casándose finalmente con él. «Quiero tener al hombre más poderoso del mundo, aún si tengo que cruzar el océano por él», nos dice Gregorio de Tours que sentenció la reina. Ciertamente, esta actitud activa de la reina turingia ha llamado siempre poderosamente la atención, ya que, aunque era algo común entre las mujeres de los francos, sin embargo, era muy raro para los romanos. Sin duda, la fama de seductor de Childerico no era en absoluto gratuita.

Pero Childerico no solo fue reconocido por sus éxitos de «alcoba»; en el terreno militar también fue todo un triunfador, ya que bajo su reinado dominó la antigua provincia romana de Bélgica Segunda —la región que se extiende desde el norte de París hasta la costa flamenca—, siendo su jefe administrativo. En los últimos años de su reinado, Childerico, aliado con Egidio, derrotó cerca de Orleans al ejército visigodo del hermano del rey Teodorico II

(463). También firmó un tratado de paz con Odoacro, el jefe de los *foederati* germánicos de Italia, uniéndose a su vez con los sajones para exterminar a los alamanes que habían invadido una parte de Italia. Precisamente fue la conquista de Alemania el último hecho memorable del rey salio. Murió poco después (481), en el vigésimo cuarto año de su reinado, y fue enterrado en la villa de Tournai, en la actual Bélgica. Y allí habría de encontrarse su tumba en 1653…

Un tesoro misterioso

Permítanme realizar en este momento un desvío en mi narración para centrarme en el increíble hallazgo del tesoro del rey Childerico I en el siglo XVII. Su historia no tiene desperdicio. Síganme…

Hacía siglos que el recuerdo de los reyes merovingios se había perdido en las brumas del tiempo. Pero sucedió que un 27 de mayo de 1653, un obrero que trabajaba en la decoración de una casa cercana al cementerio de la iglesia de Saint-Brice, en Tournai, se topó de manera fortuita con una cripta del siglo XII. En su interior, el hombre, que no salía de su asombro, halló un fabuloso tesoro compuesto por una gran cantidad de objetos preciosos de valor incalculable: monedas de oro y plata —algunas de ellas con la imagen del emperador bizantino Zenón (479-491)—, armamento variado —incluyendo la espada ceremonial del rey, ricamente decorada—, un brazalete de torso, joyas de *cloisonné* de oro y granate, una cabeza de toro de oro con un disco solar en la frente, una misteriosa bola de cristal y un anillo con el nombre del rey inscrito: «CHILDERICI REGIS». Sin duda, aquella era la tumba del rey Childerico I.

Pero eso no era todo. Unas 300 abejas con alas de cristal rojo se hallaron colocadas en la capa del rey. ¿Qué era aquello? En un primer momento se pensó que eran flores de lis; más tarde se creyó que podrían ser una especie de cigarras; pero finalmente se concluyó que, en realidad, aquello eran abejas, ya que Childerico habría adoptado dicho símbolo durante su estancia con los turingios.

Curiosamente, el mismísimo Napoleón Bonaparte acabaría adoptando estas abejas de Childerico —en representación de los auténticos reyes francos—, como el símbolo más antiguo de los líderes franceses, despreciando la famosa flor de lis de los monarcas galos —la que se había usado desde el reinado de Hugo Capeto en el siglo x—. De hecho, Napoleón las acabó utilizando en su propio manto de coronación. Vean el detalle de las abejas en los numerosos óleos de emperador que se conservan[14].

Réplica del anillo encontrado en la tumba del rey Childerico I en Tournai el 27 de mayo de 1653, Biblioteca Nacional de Francia.

Pero ¿qué acabó sucediendo con aquel impresionante tesoro? Piensen que nos encontramos en pleno siglo XVII, y que aún faltaba más de un siglo para la aparición de la Arqueología como disciplina. Suerte que, en aquella época, la ciudad de Tournai formaba parte de los Países Bajos españoles —la actual Bélgica—, y la mayoría del tesoro de Childerico fue a parar a manos de su gobernador, el archiduque Leopoldo Guillermo de Habsburgo, un reputado coleccionista y amante del arte, quien ordenó a su médico personal, Jean Jacques Chifflet —experto en antigüedades— que inventariase detalladamente el hallazgo con fin de que no desapareciesen las piezas.

14 Al proclamarse emperador en 1804, numerosos retratos salidos del estudio de François Pascal Simon (1770-1837), fueron distribuidos a diferentes puntos del Imperio. En ellos, tanto en el manto de armiño, como en la alfombra, podían apreciarse, como no, las abejas de Childerico, el emblema personal del emperador.

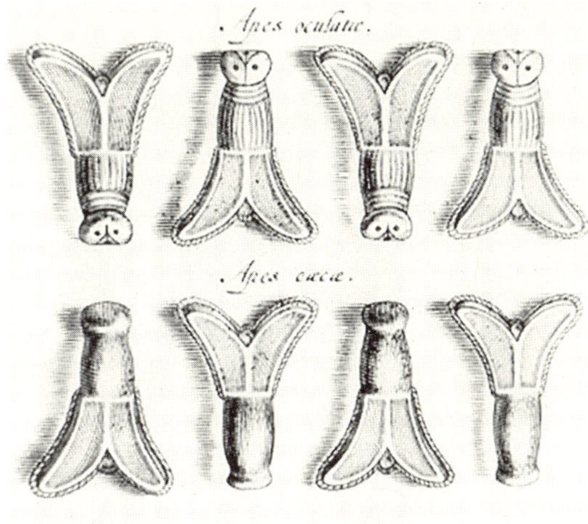

Dibujo detallado de las abejas de oro descubiertas en la tumba de Childerico I en Tournai. Dibujadas por J. J. Chifflet en 1655.

Napoleón en su trono imperial. Jean Auguste Dominique Ingres, 1806. Vean las abejas en su manto.

El resultado fue un libro, adornado con unos magníficos grabados, publicado en Amberes en el año 1655: *Anastasis Childerici I. Francorvm Regis, sive Thesavrvs Sepvlchralis Tornaci Neruiorum* (*La resurrección de Childerico I, rey de los francos, o el ajuar funerario de Tournai de los Nervians*). Como era de esperar, el trabajo de Chifflet contenía numerosos errores en la identificación de las piezas, pero no olvidemos que aquella fue, ni más ni menos, que la primera publicación científica-arqueológica en esta materia.

En 1656, cuando el archiduque abandonó los Países Bajos, se llevó consigo la mayoría de su colección, incluyendo, claro está, el tesoro de Childerico. Su destino: la Viena de los Habsburgo. Tras la muerte del archiduque, el tesoro pasó a manos de su sobrino Leopoldo I, el emperador del Sacro Imperio Romano Germánico, rey de Hungría y Bohemia, y archiduque de Austria. Este, a su vez, se lo regaló a Louis XIV —en agradecimiento por la ayuda militar recibida en su combate contra los turcos—, quien no le dio demasiada importancia, almacenándolo en algún rincón olvidado de su Gabinete de medallas y antigüedades —en el palacio del Louvre—; pasando desde allí, tras la Revolución Francesa, a la colección de la Biblioteca Nacional de Francia.

Pero el periplo del tesoro de Childerico no termina aquí. La noche del 5 al 6 de noviembre de 1831, unos ladrones sin escrúpulos irrumpieron en el Gabinete de medallas de la Biblioteca Nacional de Francia y se hicieron con un botín de más de 2000 piezas de oro. Sin duda, aquel robo fue un verdadero escándalo nacional —incluso se llegaron a contratar los servicios del mítico Eugène-François Vidocq, un legendario famoso excriminal convertido a criminalista e investigador—. Finalmente, un mes después de iniciarse la investigación, la policía consiguió capturar a los ladrones. En el piso franco se encontraron unos 20 lingotes de oro. Desgraciadamente, el mal ya estaba hecho: los ladrones habían fundido todos los objetos de oro puro que habían obtenido del golpe. Solamente se pudieron salvar unas pocas piezas, aquellas que tenían incrustaciones, que fueron localizadas en el fondo del río Sena, escondidas en unas bolsas de cuero.

Sin embargo, antes de su detención, los delincuentes habían conseguido vender algunas piezas, que fueron a parar a coleccionistas privados, quienes, de pronto, se vieron convertidos en cómplices cuando leyeron en la prensa el inventario del robo. A modo de ejemplo, esta es la noticia que apareció en la prensa española en el año 1831:

> «Robo- El 25 del mes último se cogió en la calle de S. Martin de París a tres individuos en el momento en que vendían una barra de oro. Fueron interrogados por la justicia, y el resultado de su interrogatorio induce a sospechar que la barra de oro se hubiese formado con parte de lo robado en la biblioteca real (...)» (El Correo).

Eugène François Vidocq, el criminal francés convertido en el padre de la criminología moderna.

Sea como fuere, lo cierto es que muchos de esos coleccionistas consiguieron eludir a las autoridades, como Ernesto Leclerc, quien se llevó su colección —con algunas piezas del robo del Gabinete de medallas— a Cuba. Así, algunas de esas piezas numismáticas pueden aún contemplarse en el Museo Oscar María de Rojas (Cárdenas-Cuba).

Desgraciadamente, tras el considerado como el mayor robo de monedas antiguas de la historia, del tesoro de Childerico solamente se salvaron dos monedas, dos abejas, una pulsera y las decoraciones de la espada de oro, que eran de granate[15]. Nada más. Una verdadera tragedia, una pérdida irreparable.

Pero a pesar de todo ello, la importancia de aquel extraordinario hallazgo se hizo más evidente con el paso de las décadas. Sobre todo, cuando trescientos años después, entre 1983 y 1986, el investigador belga Raymond Brulet realizó nuevas excavaciones en Tournai. Además de localizar de nuevo la tumba de Childerico —que estuvo cubierta con un túmulo funerario—, documentó un gran cementerio datado hacia la mitad del siglo v, es decir, algo anterior al fallecimiento del rey salio, y que siguió vigente hasta principios del siglo vii. El arqueólogo belga y su equipo hallaron también tres grandes fosas que conservaban los restos de cuatro, siete y diez caballos respectivamente, todos con evidencias de ser sacrificados con un corte a la altura de la garganta. Uno de estos caballos se cree que era el caballo personal de Childerico, ya que se encontraba enterrado muy cerca de él. El cráneo del animal y su arnés fueron descubiertos en la tumba real.

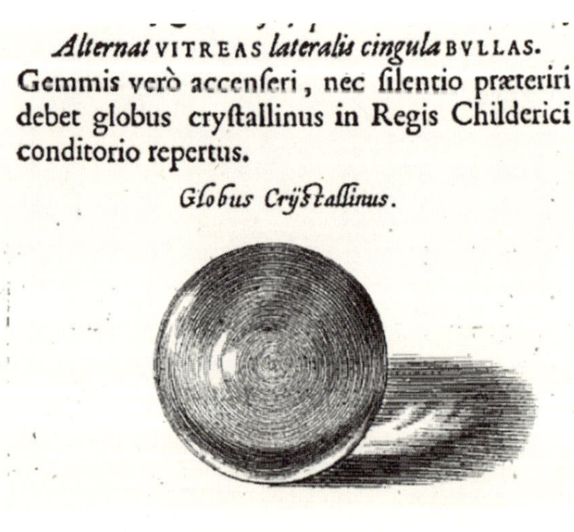
Alternat VITREAS *lateralis cingula* BVLLAS.
Gemmis verò accenſeri, nec ſilentio præteriri debet globus cryſtallinus in Regis Childerici conditorio repertus.
Globus Cryſtallinus.

Bola de cristal de la tumba de Childerico I. Dibujada por J. J. Chifflet en 1655.

15 Actualmente se exhiben en el Cabinet de Médailles de la Biblioteca Nacional de Francia.

Además, el descubrimiento, cerca del esqueleto del rey, de una bóveda craneal de pequeño tamaño, junto a algunos ornamentos femeninos, podrían llevarnos a pensar que al lado de la tumba del salio se encontraba una tumba femenina —quizá la de su esposa Basina—.

Ahora bien, de entre todas esas piezas «perdidas», hay una que nos llama poderosamente la atención: la misteriosa bola de cristal de Childerico. ¿Qué era? ¿Qué función tenía? ¿Podemos asociarla con la adivinación? La tradición nos cuenta que los monarcas merovingios eran reputados ocultistas, iniciados en ciencias arcanas y practicantes de artes esotéricas. ¿Confirmaría este hecho la presencia de aquella bola de cristal en la tumba de Childerico I? Veámoslo...

Los magos merovingios

¿Tenían poderes sobrehumanos los reyes merovingios?

Como ya vimos, en virtud de alguna propiedad milagrosa que llevaban en la sangre —propiedad que les confería aquella sangre dual del legendario Meroveo, ya saben, hijo de un humano y de una bestia marina—, se les creía capaces de los más increíbles prodigios: curar por imposición de manos; sanar a través de las borlas que adornaban los bordes de sus vestiduras; comunicarse telepáticamente con las bestias y con el mundo natural que los rodeaba; o poseer la gracia de la precognición. Además, se decía que poseían un hechizo arcano que los protegía y les confería una longevidad extraordinaria. Y tales «poderes» colocaba a los merovingios solo a un escalón más abajo que el mismísimo Dios, a la misma altura, quizás, que los ángeles. De hecho, los reyes merovingios llevaban una mancha de nacimiento a la altura del corazón o entre los omoplatos, que atestiguaba su sangre divina, y que les diferenciaba del resto de los mortales. Sin duda, habían sido marcados por la divinidad.

Sin embargo, todas aquellas habilidades extraordinarias no eran nuevas ni desconocidas, el santoral está plagado de hombres que tuvieron este tipo de dones. Ahora bien, la diferencia era fundamental: aquellos santos no eran reyes poderosos. Por todo ello, a menudo eran llamados «reyes brujos» o «reyes taumaturgos».

Pero también se les llamaba con frecuencia «reyes melenudos» (*reges criniti*), ya que en sus cabellos residía la esencia y el secreto de su poder y de su comunicación con Dios. El pelo largo de los merovingios los distinguía, pues, de entre los demás francos, que por lo general solían cortarse el pelo. Así, un merovingio a quien se le cortara el pelo no podía gobernar, por lo que un rival podía ser fácilmente eliminado de la sucesión siendo tonsurado y enviado a un monasterio. Era una forma de «castrarlos» espiritualmente[16].

Pero ¿a qué nos recuerda esta historia del poder de la larga cabellera de los merovingios? Efectivamente, seguro que les ha venido a la mente la historia de Sansón del Antiguo Testamento. Recordémosla…

En los capítulos 13 al 16 del Libro de los Jueces se nos cuenta la historia del más famoso juez de Israel: Sansón. Consagrado desde el vientre de su madre para ser un líder del pueblo elegido por Dios, y dotado de una fuerza espiritual y física sobrehumana, Sansón era capaz de destruir templos y ejércitos enteros solamente con poder de su brazo. Pero su extraordinaria fuerza estaba sujeta únicamente a una condición: su magnífica melena debía permanecer intacta. Su descomunal fuerza dependía de ello, y acabaría desvaneciéndose inmediatamente si esta fuese cortada.

Sansón y Dalila. Peter Paul Rubens, 1610. National Gallery, Londres.

16 En el año 754, cuando el rey Childerico III fue depuesto y encarcelado, le cortaron ritualmente el pelo por orden expresa del papa.

Pero, finalmente, como todos sabrán, una seductora filistea llamada Dalila, acabó por vencerle. Designada por el sumo sacerdote del culto del Dragón para enamorar a Sansón y arrancarle su secreto, Dalila consiguió que este olvidase su misión divina revelándole, por fin, el secreto de su misterioso don como prueba de amor. Así pues, Dalila le cortó el pelo mientras dormía, arrebatándole con este acto el poder de su fuerza.

No deja de ser curiosa la similitud de ambas historias, ¿no les parece? Tanto, que uno no puede evitar el preguntarse si en la raíz de esta creencia en el poder del pelo de los merovingios se encuentra la narración bíblica. Luego analizaremos esa posibilidad.

¿Era la magia una realidad innegable para los merovingios? Parece más que evidente. Es más, llama poderosamente la atención la pervivencia de esas artes mágicas en un mundo nominalmente cristiano —luego veremos quién fue el primer rey merovingio en convertirse al catolicismo a finales del siglo v—. Lo cierto es que no debemos olvidar que, a menudo, magia y religión van de la mano, ya que ambas comparten un cierto espíritu pragmático que, en realidad, lo que pretende es mejorar las condiciones de vida de la población mediante la creencia en entidades sobrenaturales, entidades sobre las que resulta posible influir en beneficio propio mediante determinados rituales. Sin embargo, existe una diferencia sustancial: mientras que en la religión el suplicante ruega a la divinidad por su intercesión, el mago busca forzar la voluntad de la entidad sobrenatural con el fin de conseguir sus propósitos.

El cristianismo, pues, condenó sin paliativos estas prácticas mágicas. Jamás se podía recurrir a la magia, ya que esta procedía de Satán y sus demonios; solamente se podía confiar en los milagros realizados por Dios a través de sus santos. Nada más. Aun así —y resulta de lo más paradójico—, a menudo la religiosidad popular cristiana ha adoptado sin miramientos oraciones y rituales de indudable carácter mágico. En este sentido, ¿podemos considerar actos de magia blanca todas aquellas actividades realizadas por clérigos con la finalidad de mejorar la calidad de vida de sus feligreses? Estoy pensando, por ejemplo, en el uso de reliquias con una finalidad curativa. Es más que posible.

No cabe duda, pues, que la magia era una práctica común en la sociedad merovingia. Y quien nos habla sobradamente de ello es nuestro cronista de cabecera, Gregorio de Tours. Para él, había sido un nieto del mismísimo Noé, de parte de su hijo Cam —luego veremos la fascinante conexión entre Noé y los merovingios, no se la pierdan—, llamado Cus, el inventor de la magia y de la idolatría, ambas, por supuesto, reveladas por el propio diablo. Cus acabaría refugiado entre los persas, donde, tras enseñarles a adorar el fuego, pasaría a llamarse Zoroastro[17].

A modo de ejemplo, una de las historias relacionadas con la magia en la obra de Gragorio de Tours es la que nos narra el asedio de Zaragoza en el año 542 por parte de las tropas de Childeberto I y Clotario I. Parece ser que los habitantes de la ciudad, para librarse del sitio, realizaron penitencia y pasearon en procesión la túnica de san Vicente a lo largo de las murallas. Y claro, los supersticiosos merovingios creyeron que se trataba de un maleficio.

Pero, de hecho, cuando estas fuentes antiguas nos hablan de magia, en realidad se están refiriendo a «magia negra», es decir, aquella que se podía utilizar para dañar a terceras personas. Una vez más es el obispo de Tours quien nos cuenta un rumor que corría por la corte según el cual la reina Fredegunda de Neustria (545-597) —uno de los personajes más carismáticos de la historia merovingia— había hechizado a dos esclavos para que asesinaran con puñales envenenados al rey Sigiberto I. Años después, la reina volvería a ser acusada de intentar eliminar al rey Childeberto II, de nuevo con dagas emponzoñadas, tras haber dado una poción a los clérigos que debían llevar a cabo el magnicidio. Por si aquello fuera poco, la reina Fredegunda también fue sospechosa de envenenar a un noble que la había culpado de haber asesinado al obispo Pretextato por medio de hechizos. Evidentemente, todo ello llevó a tildar abiertamente a la reina de «maléfica».

---

17 Zoroastro o Zaratustra fue un antiguo profeta y filósofo iraní que fundó lo que ahora se conoce como zoroastrismo. Sus enseñanzas desafiaron las tradiciones existentes de la religión indoirania e inauguraron un movimiento que finalmente se convirtió en la religión dominante en la antigua Persia, dando forma a la filosofía persa.

Fredegunda, sentada en su trono, da órdenes de asesinar a Sigeberto I, rey de Austrasia. Grabado en acero en una ventana del siglo XV en la Catedral de Tournai.

Así pues, era evidente que el uso de la magia negra era considerado como una amenaza real y muy peligrosa —y más si venía de manos de la implacable Fredegunda—, por lo que muy pronto se empezó a legislar para contener su empleo. Una curiosidad en este sentido: en la Ley Sálica de Clodoveo no se imponen castigos físicos para los que practican maleficios, sino que las sanciones eran simplemente económicas[18]. Por lo tanto, si una persona envenenaba a otra —piensen que el hecho de envenenar era equiparable a aplicar un maleficio— y esta acababa muriendo, el culpable debería pagar 200 sólidos[19]. Ahora bien, si la víctima sobrevivía, el envenenador

18 Eso se debía, sin duda, a que dicha ley no se inspiraba en la ley romana, sinó que era un código legislativo de raíz germánica que, básicamente, se centraba en establecer compensaciones económicas para distintas clases de delitos.

19 El sólido bizantino fue creado a principios del siglo III por el emperador Constantino I el Grande. Se trataba de una moneda de oro que vino a sustituir al áureo romano como divisa de referencia. Tenía un diámetro de 22 milímetros y un peso de 4,5 gramos. Su vigencia se mantuvo en Occidente más allá de la caída del Imperio romano, hasta la época de Carlomagno; mientras, en el

solamente habría de pagar 62,5 sólidos. Cantidad que también era aplicada en los casos en que una persona lanzara un maleficio a otra, o en los que dicho maleficio fuera pronunciado por una mujer con el objetivo de dañar la capacidad reproductiva de otra mujer y que no pudiera concebir.

Como se pueden imaginar, una vez hecha la ley, se abrió la veda para que surgieran miles de acusaciones falsas contra el vecino o contra el rival político —acusar de practicar la magia constituía una manera muy efectiva de eliminar a quien no te caía bien—. Sin embargo, la Ley Sálica también contemplaba el delito de difamación. Así, si alguien llamaba bruja a una mujer y no era capaz de probarlo, tenía que pagar la cantidad de 187,5 sólidos, es decir, el triple de lo que se solía pagar habitualmente. Sin duda, en tiempos merovingios difamar no salía gratis —aquí, nuestra sociedad actual debería tomar buena nota—.

Y hablando de brujas, según la ley, si una bruja se comía a un hombre —en un claro alarde de antropofagia ritual—, debería pagar 200 sólidos.

Sobra decir que los individuos de alta condición social disponían de carta blanca para cometer todo tipo de actos maléficos —pagar 200 sólidos por muerte o 62,5 en caso de que no se produjera fallecimiento, no era obstáculo para ellos—. Pero ¿qué sucedía cuando el penado era incapaz de pagar la multa, hecho que le ocurría a la mayor parte de la población? Aquí la ley se muestra contundente —y así lo especifica uno de los manuscritos de la Ley Sálica—: si no podía pagar, el culpable sería entregado al fuego. Así pues, quedaba claro que, en realidad, dichas compensaciones pecuniarias solamente acabarían aplicándose a las clases altas de la sociedad, no a la plebe, quien, al final, pagaba con su vida la realización de un maleficio —constituyendo, por lo tanto, un crimen capital—.

Uno de los ejemplos más terribles de «ejecución por magia negra» lo encontramos, de nuevo, con la presencia de la despiadada reina Fredegunda como protagonista. En el año 584, como consecuencia de la muerte por disentería del hijo de Chilperico y Fredegunda, la

---

Imperio Bizantino perviviría hasta el siglo XI, cuando llegó su decadencia al degradar su pureza los emperadores del momento. Para entonces, ya había surgido el dinar árabe, que en su origen no era sino una copia del sólido.

reina —creyendo que el niño había fallecido víctima de maleficios— hizo arrestar a muchas mujeres de París bajo la acusación de practicar la brujería, las torturó y las ejecutó mediante ahogamiento o cremación. Incluso el prefecto Mummolo, siendo sospechoso de ser cómplice en la muerte del niño, fue terriblemente torturado hasta la muerte. Implacable, Fredegunda.

Pero el de Fredegunda no es el único caso de reina merovingia acusada de practicar artes mágicas. También nos encontramos con la figura de Marcatrudis, la segunda esposa del rey Gontrán, quien fue tildada de ser una «herbaria», es decir, una «envenenadora», por haber matado a su hijastro Gundobado envenenándole con una poción. Ciertamente, el uso de venenos siempre estuvo estrechamente relacionado con la magia[20].

Pero, además de la magia negra, en el reino merovingio también se practicaba la «magia blanca», es decir, aquella que era usada para obtener beneficios personales o colectivos, pero sin infligir daño a terceras personas. En ocasiones, dicho beneficio simplemente consistía en evitar enfermedades, o bien en combatir las inclemencias meteorológicas que dañaban las cosechas. Y claro, para ello, el empleo de fórmulas mágicas —así como la utilización de amuletos con finalidad apotropaica[21]— era fundamental.

Como no podía ser de otro modo, las autoridades eclesiásticas también criticaron el uso de esos elementos. Prueba de ello son los sermones del obispo Cesáreo de Arlés, quien a principios del siglo VI rogaba a sus feligreses que evitaran buscar la salud perdida en remedios tales como las filacterias —pequeñas envolturas o cajitas de cuero donde se guardaban pasajes de las Escrituras en la religión judía; amuletos o talismanes, en definitiva—, ya que no se trataba de verdaderos medicamentos, sino de un veneno proporcionado por el mismísimo diablo. Incluso, sentenciaba el obispo, en el

20 En muchas fuentes tardoantiguas los términos *maleficus* y *veneficus* aparecen como sinónimos.

21 El llamado efecto apotropaico es un término antropológico que se utiliza para describir un fenómeno cultural que se expresa como mecanismo de defensa mágico o sobrenatural evidenciado en determinados actos, rituales, objetos o frases formularias, consistente en alejar el mal o protegerse de él, de los malos espíritus o de una acción mágica maligna en particular, purificándose con este rito u objeto ritual.

hipotético caso de que el enfermo llegara a sanar, dicha recuperación no habría sido debida al efecto del amuleto, simplemente era una estratagema del demonio para matar el alma del cristiano. Y aún añadía algo más: jamás se debían aceptar dichos amuletos, ni aunque hubieran sido fabricados por sacerdotes, y estos aseguraran que contenían pasajes de las Escrituras que curarían sus enfermedades, ya que aquellos individuos no eran más que ayudantes del maligno. Sin duda, Cesáreo de Arlés desconocía las propiedades del llamado «efecto placebo»[22].

Por su parte, nuestro Gregorio de Tours también fue muy contundente a la hora de combatir la magia como recurso para conseguir la curación de enfermedades. Según el cronista, dicha curación solamente podía provenir de Dios —quien actuaba a través de las reliquias de sus santos—, y no de aquellos presuntos «adivinos», que en realidad no eran más que curanderos que aplicaban remedios tradicionales basados en elementos naturales. No deja de ser curioso que, en aquellos tiempos, esos curanderos gozaban de una gran fama e influencia entre la población. No en vano, eran a ellos a quien la gente acudía —en detrimento de los médicos— cuando la enfermedad asolaba su hogar, especialmente en los medios rurales, donde era sencillo encontrarlos. Pero para el obispo de Tours, esos «magos» eran incapaces de curar, incluso, en ocasiones, resultaban perjudiciales para la salud, ya que el paciente podía llegar a morir tras su intervención. Estaba claro: para los eclesiásticos, la magia tenía un origen diabólico, y todo aquel que la practicaba era un emisario de Satanás.

Así nos lo hace saber el propio Gregorio de Tours cuando nos narra la historia de Desiderio, un presunto ciudadano de Burdeos que había llegado a Tours en el año 587. Dicho personaje alardeaba de vivir en la más absoluta austeridad, vestía con una túnica raída y, de cara a la galería, se abstenía de comer y beber. Las gentes de Tours, creyéndolo un mago, le llevaban ciegos y tullidos para que los

22 El efecto placebo es un término médico referido al impacto positivo sobre la salud que produce la administración de una sustancia con nula acción farmacológica denominada placebo, sugestionando al paciente respecto a su eficacia terapéutica con el objeto de lograr una evolución en el pronóstico. Los mecanismos neurofisiológicos implicados en este potencial son desconocidos, no obstante, sugieren estar influenciados por la fe y la convicción del afectado respecto a su patología.

curara. Sin embargo, Gregorio de Tours nos advierte que, en realidad, dichos intentos de sanación son llevados a cabo mediante prácticas nigromantes[23], no a través del poder de los santos. Y que dichas prácticas pueden llegar a ser muy peligrosas, ya que, según el obispo, los criados de Desiderio tiraban con tal fuerza de los brazos y pies de los lisiados con el fin de sanarlos que, a menudo, los pobres desgraciados acaban falleciendo. Finalmente, Gregorio desenmascaró al estafador y lo acabó expulsando de la ciudad.

Toda esta persecución de las prácticas mágicas no hacía más que evidenciar un hecho significativo: la magia pagana se había infiltrado en el sistema de pensamiento cristiano de una manera clara y contundente. Así, buena parte de los rituales y fórmulas que se aplicaban sobre las reliquias para recargarlas de poder, bebían directamente de aquellos rituales mágicos de origen pagano practicados durante toda la Antigüedad clásica.

¿Podemos hablar, pues, de «magia cristiana»? Bien, aquellos sacerdotes nunca habrían admitido de ninguna de las maneras que sus prácticas fueran consideradas rituales mágicos; ellos simplemente eran los intermediarios de un milagro obrado por Dios. Eso era todo.

En cualquier caso, el propio Gregorio de Tours nos pone un ejemplo clarísimo de lo que podría ser el uso de una reliquia de un modo parecido al de los amuletos paganos. El prelado nos narra que, de vuelta de un peregrinaje a la basílica de San Martín de Tours[24], se trajo consigo tres velas consagradas de la tumba del santo. Acto seguido, al pasar por uno de sus campos, que a menudo era arrasado por el granizo, se le ocurrió colocar un poco de aquella cera bendita

23 La nigromancia es una rama de la hechicería, considerada generalmente negra, que consiste en la adivinación mediante el examen de las vísceras de los muertos y la invocación de espíritus requiriendo, según sea el caso, contacto con sus cadáveres o posesiones en vida.

24 El cuerpo de san Martín, que murió en Candes, fue trasladado a Tours y allí fue modestamente sepultado el 11 de noviembre de 397, tres días después de su muerte, en un cementerio cristiano a las afueras de la ciudad, al borde de la vía romana que partía hacia el oeste. Según Gregorio de Tours, el obispo Bricio habría construido un edificio de madera en 437 para albergar la tumba y la capa de Martín, llamado por esta razón capilla. El obispo Perpétuus, habiendo constatado la atracción de este santuario, habría construido a su vez la primera basílica que albergaba la tumba de Martín, cuya dedicación tuvo lugar el 4 de julio de 470, noventa y nueve años después del ascenso de san Martín al episcopado de Tours.

en el árbol más alto con el fin de que ejerciera de protección sobre todo el terreno. Milagrosamente, a partir de entonces, la tormenta nunca más volvió a castigar ese lugar.

Tumba reconstruida de san Martín de Tours, en la cripta de la basílica.

Los paralelismos son claros. Vean, si no, por ejemplo, el caso del testimonio de Filóstrato, en el siglo III, quien nos recuerda que atar una cinta de cuero alrededor de una cepa protegía al resto de vides del granizo; o el de Paladio, en el siglo IV, quien nos cuenta toda una serie de excéntricos remedios usados por los antiguos también para combatir el pedrisco, como cubrir con un paño rojo una piedra de molino, rodear todo el terreno con nueza blanca o brionia[25], colocar en el suelo una lechuza crucificada con las alas desplegadas, amenazar a las nubes con hachas ensangrentadas, arrojar una piel de foca en mitad del viñedo, recorrer el campo llevando en la mano derecha una tortuga palustre con la panza hacia arriba o colocar un espejo frente al cielo para reflejar la imagen de la nube. Fascinante, ¿verdad?

25 La brionia es tóxica en su totalidad: la raíz, las hojas, los zarcillos, las flores, los frutos y las semillas; aunque a pesar de su elevada toxicidad en algunas áreas geográficas esta planta es muy apreciada por su valor culinario, como, por ejemplo, en Alcorisa (Teruel).

Incluso hallamos evidencias de esta vinculación en la propia arqueología, ya que se han descubierto algunas inscripciones grabadas que cumplían la misión de amuletos para la protección de los campos. Sin ir más lejos, una inscripción sobre pizarra, hallada en Carrio (Asturias) y datada a finales del siglo IX, nos ofrece un conjuro contra el granizo, en el cual los elementos cristianos han ocupado el lugar de los paganos.

Pero volvamos a la bola de cristal hallada en la tumba de Childerico I. En este contexto de magia merovingia, ¿podemos incluir dicho objeto entre las prácticas adivinatorias de los francos? Como hemos visto, en los reinos merovingios, la creencia en la magia era una realidad innegable; todos, tanto laicos como eclesiásticos, tanto humildes como poderosos, compartían esa misma idea. Y dentro de esa magia —que podríamos llamar «benéfica»—, encontraríamos la adivinación y los augurios, es decir, todos aquellos presagios o anuncios de acontecimientos futuros. Dicha «magia oracular», también sería perseguida por las autoridades eclesiásticas del momento, en su particular empeño de fusionar en un mismo armazón ideológico diversos sistemas paralelos de comunicación con lo sobrenatural, más que de reemplazar aquellas prácticas paganas antiguas.

Así lo constatamos en los distintos concilios que se llevaron a cabo en aquellos tiempos. En el Concilio de Eauze, por ejemplo, del año 551, se nos dice explícitamente en el apartado III:

> «Acerca de los hechiceros o aquellos que por instinto del diablo se dice que hacen predicciones, si son personas de clase alta deben ser alejados de los límites de la Iglesia con excomunión; si son personas más humildes o esclavos serán condenados a azotes por el juez de modo que si fingen tal vez temer a Dios, sean corregidos con ese castigo».[26]

En ese mismo año, pero en el Concilio de Orleans (cap. XXX), se nos cuenta lo siguiente:

26 Concilios de los tiempos merovingios. Asla, Alberto (Ed.); Rodríguez, Gerardo (Ed.); Dominguez, Carlos (Trad.). CENTRO DE ESTUDIOS HISTÓRICOS FACULTAD DE HUMANIDADES UNIVERSIDAD NACIONAL DE MAR DEL PLATA. 2019.

> «Si un clérigo, monje o seglar creyere que deben observarse adivinaciones, augurios u oráculos, que falsamente se atribuyen a santos o a quienesquiera sean, debe ser apartado de la comunión de la Iglesia».[27]

Del mismo modo, en el Concilio de Auxerre (585), se nos advierte que:

> «No es lícito creer en sortilegios y augurios ni tener en cuenta las inscripciones o adivinaciones que llaman de los santos o que se realizan con maderas o panes; todo lo que alguien quiera hacer debe hacerlo en el nombre del Señor».[28]

Asimismo, en el Concilio realizado bajo Sonacio, el obispo de Reims, (627-630), se sigue insistiendo sobre el tema:

> «Aquellos que son descubiertos imitando augurios o ritos de los paganos, o que coman alimentos supersticiosos con ellos, se decidió que se los persuada benignamente a que se aparten de esos errores. Si se niegan y se mezclan con los idólatras y los que inmolan a los ídolos, cumplan un digno tiempo de penitencia».[29]

Excomunión, azotes, persuasión benigna, penitencia... Ya ven que el grado del castigo ante estas artes adivinatorias va evolucionando en el tiempo. Se trata, en efecto, de combatir las pervivencias idolátricas en las distintas diócesis merovingias —es decir, de evitar que sus feligreses perpetuaran las prácticas de los gentiles—, pero, sin duda, el nivel de laxitud es distinto en cada una de ellas.

Sea como fuere, y a pesar de la oposición de la Iglesia, augures y adivinos siguieron campando a sus anchas, y no solamente entre los estratos más bajos de la sociedad, sino que su influjo llegó a alcanzar al mismísimo monarca. Prueba de ello es, pues, la célebre bola de cristal de Childerico I.

Pero ¿qué relación existe entre dicha esfera vítrea con las mencionadas prácticas oraculares? Bien, sabido es que ya desde la más remota antigüedad, magos y adivinos se han rodeado de este tipo

---

27 *Ibidem.*
28 *Ibidem.*
29 *Ibidem.*

de artilugios para poder ver el futuro. No en vano, se cree que el uso más temprano de cristales *(specularii)* como herramientas adivinatorias del que se tiene noticia puede remontarse a los druidas celtas de la Galia, Gran Bretaña e Irlanda, aquellos que vivieron en la Edad de Hierro y que fueron exterminados por la cristiandad hacia el siglo VII. Y todo ello lo sabemos, en gran parte, gracias a las crónicas de Julio César y del filósofo romano Plinio el Viejo. Según nos cuentan, los primeros «lectores» de cristales preferían un mineral de color verde mar denominado berilio, que pulían hasta darle forma de esferas para mejorar sus propiedades reflectantes. En una etapa posterior se decidió utilizar un cristal mucho más puro, o piedras como el cuarzo rosa o la obsidiana, que estaban libres de burbujas en su interior. Habían nacido las bolas de cristal.

Durante toda la Edad Media la práctica de la cristalomancia —la adivinación a través de la bola de cristal—, se fue implantando poco a poco entre las distintas capas de la sociedad. Pero fue durante el Renacimiento y el reinado de la reina Isabel I de Inglaterra cuando las bolas de cristal recuperaron su importancia y legitimidad como herramienta de adivinación del porvenir. Y eso fue debido, en gran parte, a la figura de John Dee, un asesor de la reina, quien creía comunicarse con ángeles y demonios a través de una esfera y un particular espejo de obsidiana... Pero llegados a este punto, permítanme que les cuente una historia personal, una historia que, después de todo, fue el verdadero germen del libro que ahora mismo tienen en sus manos. Síganme...

El museo de las esferas

En febrero de 2011, el escritor y periodista Javier Sierra —y futuro Premio Planeta 2017 con *El fuego invisible*— publicó la que sería su esperada cuarta novela, *El ángel perdido*. No voy a revelar aquí su argumento —seguro que ya la habrán leído; y si no lo han hecho, ya están tardando—, solamente señalar que unos días antes había nacido mi hija Júlia quien, seguramente por casualidad, o no, compartía nombre con la protagonista de la nueva novela de Sierra[30]. Y así se lo hice saber aquel mismo Sant Jordi cuando el escritor visitó Barcelona…

Recuerdo que Javier Sierra estaba firmando libros en El Corte Inglés Diagonal y que me acerqué a él para que manchara mi recién adquirido ejemplar. Cuando me llegó el turno, y antes de que me escribiera la dedicatoria, le presenté a la pequeña Júlia, que dormía plácidamente en su cochecito. «¿Sabes, Javier?», le solté a bocajarro, «Mi hija recién nacida se llama Júlia, como la protagonista de *El ángel perdido*». Sierra sonrió y, tras un cómplice «¿no me digas?», empezó a escribir en la tercera página de mi ejemplar. Lo que escribió jamás lo olvidaré —más que nada porque lo conservo como un pequeño tesoro en un lugar preeminente de mi biblioteca—: «*Para ti, Enric, que recibió a su Júlia días antes de que "naciera"* esta aventura en papel. Las dos te traerán luz». Poco podía yo imaginar en aquel momento que siete años más tarde, Javier Sierra acabaría apadrinando mi primera novela, *La caja secreta* (Almuzara), con unas contundentes palabras:

---

30 Julia Álvarez es una restauradora que trabaja en el Pórtico de la Gloria de la Catedral de Santiago de Compostela.

> «Cuando la literatura ayuda a resolver enigmas históricos reales cumple una función sublime. Enric Sabarich la utiliza con soltura para arrojar luz al endiablado laberinto de los que se inventaron una de las falacias mejor armadas sobre Jesús de Nazaret».

Sin duda, aquella «luz» que había profetizado Javier, nunca ha dejado de acompañarme.

Pero no les cuento todo esto por un repentino ataque de nostalgia, sino porque, de nuevo, casualidad o no, aquello que llevó a Sierra a escribir su novela, sería a la postre lo mismo que acabaría por prender la chispa de este libro sobre el lado más oculto de los merovingios.

Me explico: durante su exitosa gira promocional de *El ángel perdido* —gira que le llevó a recorrer siete países en once meses—, Javier Sierra siempre explicaba que su inspiración para escribir la novela había surgido una tarde visitando por enésima vez el British Museum de Londres. En aquella ocasión no quedó atrapado, como tanta otras veces, por la colección egipcia o mesopotámica, sino que se fijó en una vitrina en la Enlightenment Gallery —dedicada al conocimiento científico surgido de la expansión del Imperio Británico entre 1680 y 1820—, en donde había unos objetos singulares de la época de la reina Isabel I de Inglaterra. Se trataba de una serie de piedras oraculares pertenecientes a John Dee, reconocido mago, alquimista y astrólogo, así como consejero de la reina, mediante las cuales el ocultista decía comunicarse con los ángeles. Aquella especie de «sellos» en forma de disco estaban grabados con extraños símbolos mágicos —el mayor de ellos, hecho de cera, presentaba claramente la figura de un pentagrama rodeado por otros símbolos geométricos y ocultistas—. Y junto a ellos, otra increíble piedra: un extraordinario espejo negro de obsidiana de origen azteca. Todos aquellos elementos, sin duda, hicieron saltar un resorte en la mente siempre inquieta de Sierra… y el resultado ya lo conocen.

Reconozco que aquella historia me persiguió durante muchos años. La inquietante figura de John Dee, y su presunta capacidad de comunicarse con entidades angélicas a través de aquellos objetos, me apasionaba. A mediados del siglo XVI, Dee había entrado a formar parte de la Corte de Isabel I de Inglaterra, convirtiéndose a partir de ese momento en su astrólogo personal —la reina le consultaba con frecuencia antes de tomar importantes decisiones de Estado—.

Tras entrar en contacto con un siniestro personaje llamado Edward Kelly, John Dee se interesó en hallar una forma de contactar con los ángeles. Y parece ser que lo consiguió. Según sus manuscritos, Dee estaba plenamente convencido de haber logrado dicho contacto mediante lo que él denominaba «lenguaje enoquiano», lenguaje que, según mantenía, le había sido revelado por el mismísimo ángel Uriel. Y por supuesto, aquellas piedras oraculares eran fundamentales para establecer dicha conexión.

John Dee y Edward Kelly evocando un espíritu.

Pero de entre todos aquellos extraños objetos de Dee, el que más llamaba la atención era el impresionante espejo circular hecho de obsidiana negra. El espejo en cuestión habría llegado a Inglaterra desde México, entre 1527 y 1530, después de la caída de Tenochtitlán, y llegaría a manos del mago, quien lo acabaría utilizando para predecir el futuro, invocar espíritus y hablar con los ángeles. Aquel sería, sin duda, uno de sus objetos preferidos. Evidentemente, Dee conocía su poder, y sabía que en la América prehispánica este tipo de espejos eran utilizados por brujos y sacerdotes para hacer conjuros e invocar visiones del futuro. Los aztecas tenían la tradición de hacer espejos de obsidiana con fines mágicos. De hecho, este tipo espejos circulares ya se describen en códices aztecas escritos poco después de la conquista de los españoles a principios del siglo XVI, así como en las representaciones del dios Tezcatlipoca —que podríamos traducir como «Espejo Humeante»— quien poseía, entre otros, poderes de adivinación. Los antiguos mesoamericanos, pues, creían que los espejos eran portales espirituales a mundos alternativos: si mirabas en su interior, y veías disiparse el humo, abrías una conexión.

Años después, pude asomarme en su oscuro interior y creí ver cómo se disipaba el humo: la conexión que hallé no me la esperaba de ninguna de las maneras…

Aquel verano, por fin, pude planificar mi viaje a Londres. Y claro, de entre mis «imprescindibles», no podía faltar la obligada visita al British Museum. Sí, deseaba contemplar la mayor colección de piezas egipcias del mundo, después, claro está, del Museo Egipcio de El Cairo —con la famosísima *Piedra Rosetta*—; o los célebres bajorrelieves asirios, originariamente ubicados en el Palacio de Nínive; o los polémicos frisos del Partenón, 15 paneles y 17 esculturas de mármol que formaban parte de la decoración original del templo ateniense, construido hace unos 2500 años; o el desubicado moai Hoa Hakananai'a de Rapa Nui, que desde 1868 sigue mirando al infinito desde su pedestal, a más de 13 700 kilómetros de su casa; o la inquietante *Copa de Licurgo*, una copa del siglo IV que tiene una extraña propiedad: si se ilumina de frente es de color verde, pero si se ilumina desde atrás es de color rojo[31]. Y, sobre todo, quería contemplar por mí mismo la colección de piedras oraculares de John Dee.

31 La causa de esta extraña mutación no se supo hasta 1990, cuando se le hizo un exhaustivo examen con microscopio electrónico y se descubrió que el artesano que la había realizado la recubrió con partículas de oro y plata de 60 nanómetros de diámetro, es decir, mil veces más pequeñas que un grano de sal, y que ese extraordinario barniz era lo que provocaba aquel increíble efecto lumínico.

Nada más entrar, y tras superar los controles de seguridad, me aguardaba el amplio vestíbulo principal, una luminosa estancia circular desde donde podía accederse a las distintas salas. Un rápido vistazo al mapa me ayudó a saber qué dirección tomar. Mi objetivo era la sala 1, la Enlightenment Gallery —la Sala de Iluminación o Biblioteca del Rey—, en donde miles de objetos de lo más diverso de la época de la Ilustración se agolpaban caóticamente en sus vitrinas. Y sabía que entre aquel caos de piezas se encontraba lo que yo estaba buscando…

Mientras mis ojos escrutaban con avidez todas y cada una de aquellas vitrinas, el pulso se me aceleraba por momentos. ¿Dónde estaban las piedras oraculares de John Dee? De pronto, una singular cartela me indicó que aquel era el lugar: *RELIGION AND RITUAL Case 20 MAGIC, MYSTERY AND RITES.*

Y allí estaban: las dos piedras circulares grabadas con extraños símbolos mágicos y, por supuesto, el increíble espejo de obsidiana de origen azteca, la famosa *piedra negra en la que el Doctor Dee conjuraba a sus espíritus*[32]. ¡Pero había algo más!

Junto a ellas se encontraban dos objetos que me llamaron la atención. Uno era lo que parecía ser una especie de disco dorado con un extraño grabado —un regalo de su socio Edward Kelly, que John Dee usaba como talismán—. Y el otro… el otro era… ¿una bola de cristal?

Efectivamente, era una bola de cristal de unos 6 cm de diámetro que, sin duda, había pertenecido al mago inglés. De hecho, había sido con esa misma bola —o una muy similar— con la que John Dee se mantenía en contacto con los ángeles y adivinaba el futuro —Dee aseguró que un 21 de noviembre de 1582 los ángeles le habían entregado aquella esfera—.

Sabía que los druidas ya habían utilizado esa «lectura» de cristales en la más remota Antigüedad; que aquellos primeros «lectores» miraban fijamente las esferas de cristal, entrando en una especie de trance meditativo que permitía que su subconsciente se abriera y les revelara secretos del pasado, presente y futuro; que durante todo el Medievo,

32 Así aparecía escrito en el estuche de piel del espejo —que en ocasiones también se ha llegado a exhibir en aquella vitrina—; la frase había sido obra de Horace Walpole (1717-1797), afamado escritor gótico y autor de la conocida novela *El castillo de Otranto*, quien, tras la muerte de Dee, se habría quedado con el espejo.

engarzadas en abrazaderas de alambre, los anglosajones las utilizaron como símbolos de poder, de estatus social y posiblemente como talismanes mágicos para mantener alejadas las enfermedades y la maldad; y que, finalmente, aquel objeto había obtenido un gran reconocimiento en el siglo XVI gracias precisamente a John Dee y Edward Kelley, quienes organizaron sus «sesiones de cristalomancia» durante las cuales afirmaban visualizar y comunicarse con ángeles.

Piedras oraculares de John Dee en el British Museum de Londres. Junto a ellas, una bola de cristal.

Pero, de pronto, como un fogonazo, vino a mi mente una imagen: ¡la bola de cristal de la tumba de Childerico I! ¿Existía un vínculo entre aquellas dos esferas? Once siglos las separaban, pero ¿estarían conectadas de algún modo?

No sé si fue la magia del momento, o si los espíritus de Childerico y John Dee me estaban arrastrando hacia el interior de aquella esfera de cristal, pero lo cierto es que en aquel preciso instante tomé entre mis manos mi propio artilugio «cristalomántico» —¿qué es si no nuestro *smartphone* personal, un cristal pulido en donde se refleja nuestro pasado, presente y futuro?— y comencé a «navegar» por la *web* del British Museum. Intuía algo, pero no sabía muy bien de qué se trataba.

De repente, un curioso grabado del siglo XIX apareció en la pantalla. En él estaba representada la espada de Childerico, decorada con esmalte *cloisonné*[33]... y una bola de cristal. Ambas, como recordarán, habían sido halladas en la sepultura del rey merovingio, en Tournai (Bélgica), en el año 1653. Aquel grabado formaba parte de una serie que representaba objetos del tesoro franco, realizada por Jules Jacquemart en 1864, y que había sido adquirido por el British Museum en 1871. Desgraciadamente, dicha serie de grabados no estaban expuestos al público y no era posible contemplarlos. Pero, sea como fuere, lo cierto es que ambas esferas estaban allí: ¡las dos bolas de cristal estaban juntas!

No lo podía creer. Sabía que aquello no era posible —la bola de cristal de Childireco había sido robada en 1831 y jamás se había recuperado, ¿recuerdan?—. Pero, qué demonios, tampoco sabíamos a ciencia cierta si aquella esfera del British Museum era realmente la que tuvo John Dee en sus manos. En realidad, poco importaba. Lo interesante era que ambas bolas de cristal estaban allí: la que utilizó un mago de la corte de la reina Isabel I de Inglaterra en el siglo XVI, y la que fue hallada en la tumba de un rey merovingio del siglo V. Y claro, la pregunta que se me planteó en aquel momento, delante de aquella antigua vitrina, provocó el arranque de una investigación que me llevó a la confección del presente libro: ¿practicaban los merovingios del siglo V artes adivinatorias a través de bolas de cristal, tal y como haría once siglos después el ocultista John Dee? La respuesta, es posible que ya la vayan intuyendo...

33 El llamado esmalte cloisonné es una antigua técnica de decoración de objetos metálicos mediante el uso de incrustaciones de piedras preciosas, vidrio y otros materiales. Es por eso por lo que los objetos tratados con esta técnica a veces son denominados *cloisonné*.

El rey de todos los francos

Regresemos al siglo V.

Tras la muerte de Childerico I en el año 481 —y su fastuoso entierro—, su hijo, Clodoveo I, accederá al trono del reino franco salio, recuerden, situado en la región de Tournai, en la actual Bélgica. Y con él llegará el verdadero fundador de la dinastía merovingia —la primera dinastía de Francia—, unificando a todos los francos y conquistando la mayor parte de la Galia —sin olvidar su conversión al cristianismo—. Es por todo ello que Clodoveo I sería considerado el primer rey de Francia, y que, en su mayoría, los reyes franceses acabarían llamándose «Luis», la forma moderna de «Clodoveo» («*Clouis*», en francés).

En cualquier caso, al margen de sus alianzas y conquistas militares, que le llevaron, primero, a derrotar al último representante del Imperio Romano en la Galia, general Afranio Siagrio —quien había creado un reino independiente en el centro del territorio galo—, en la batalla de Siossons (486); y posteriormente a aliarse con los francos renanos y emprender una serie de ofensivas hacia el sur, culminando con la victoria decisiva sobre los visigodos en la batalla de Vouillé (507) —que terminó con la muerte del rey visigodo Alarico II y marcó el fin del dominio visigodo en la Galia—; lo cierto es que su conversión al catolicismo en el año 496 marcaría un punto de inflexión en la Historia de Francia.

A pesar de que la influencia del cristianismo ya era notable en toda la Galia, Clodoveo inicialmente se mantuvo fiel en todo momento a las creencias paganas de sus ancestros. A diferencia de otras tribus germánicas, los francos seguían siendo paganos. Sin embargo, todo cambió con la entrada en escena de la princesa Clotilde, una princesa católica de alto linaje, hija del rey de los burgundios, quien se casó con Clodoveo en el 492.

Pues bien, Clotilde, desde el principio, hizo todo lo posible por convencer a su marido para que se convirtiera al catolicismo. Pero Clodoveo era un hueso duro de roer. Aunque era consciente de que si abrazaba la fe cristiana obtendría el apoyo incondicional del clero galorromano, no estaba convencido de dar el paso.

Pero, finalmente —según nos cuenta Gregorio de Tours en el siglo VI—, hacia el año 496, durante la batalla de Tolbiac (Zülpich, Alemania) contra la tribu de los alamanes, Clodoveo prometió abandonar el paganismo si el Dios de su mujer Clotilde le daba la victoria. Las tropas francas estaban a punto de ser derrotadas —el propio Clodoveo se encontraba acorralado y a punto de ser capturado—. Pero entonces sucedió lo inesperado. El jefe alamán fue alcanzado por una flecha y su ejército acabó rindiéndose. Para Clodoveo estaba claro: el Dios de Clotilde le había concedido la victoria. La tradición nos cuenta que el rey recibió entonces el bautismo a manos de San Remigio en la catedral de Reims, un 25 de diciembre de 496 —aunque algunos historiadores piensan que es más probable que se bautizara entre los años 498 y 499—.

Sin duda, aquel acontecimiento acabaría marcando para siempre la relación entre la monarquía franca y la Iglesia católica, que habría de prolongarse durante siglos, sentándose las bases para la consolidación del poder real en Francia. A partir de entonces —y hasta 1824—, casi todos los reyes franceses —los verdaderos protectores de la Iglesia y los representantes de Dios en la tierra—, serían consagrados en la catedral de Reims. Podríamos asegurar, pues, que el bautismo de Clodoveo no fue solamente un acto religioso, sino un movimiento político estratégico. Al abrazar el cristianismo, además de ganarse, por fin, el ansiado apoyo del clero galorromano —que tenía una gran influencia sobre la población gala—, a Clodoveo le permitió diferenciarse de los visigodos[34], que eran arrianos, consolidando de ese modo su posición como líder de los francos y como el rey más poderoso de la Galia. Y esto último, aunque parezca mentira, fue fundamental para evitar una extinción casi segura de la Iglesia católica. Me explicaré.

34 Tras la famosa batalla de Vouillé (507), los visigodos se ven obligados a refugiarse en Hispania y a abandonar definitivamente todas sus posesiones en la Galia.

Bautismo de Clodoveo I. Master of Saint Gilles.
National Gallery of Art, Washington, D. C.

En esa época, el temor de la Iglesia por la creciente corriente de arrianismo que asolaba toda la Galia iba en aumento. En cierto modo, el catolicismo corría el serio peligro de ser borrado para siempre de la Europa occidental, donde la mayoría de los obispos eran arrianos[35]. Pero con la conversión de Clodoveo, la Iglesia salvó los

35 En el siglo IV la doctrina de Arrio gozó de un éxito fulgurante. Este sacerdote, originario de Egipto, pretendía profundizar en el dogma cristiano de la Trinidad, afirmando que Jesús no era de la misma naturaleza que Dios, su Padre, sino inferior a él. Esta disputa sobre la divinidad de Cristo acabaría dividiendo a los teólogos, hasta llegar a los propios emperadores romanos. Finalmente, los Padres de la Iglesia se levantaron contra los seguidores del arrianismo, y en el 325, el Concilio de Nicea los declaró herejes, preservando la doctrina que ha llegado hasta nuestros días.

muebles. De no ser por ese trascendental acontecimiento, es muy probable que hoy en día la religión predominante en Europa occidental sería el arrianismo y no el catolicismo. En fin.

Tras conquistar la mayor parte de la Galia, Clodoveo decidió trasladar su capital de Tournai a París en el año 508. La elección de París, sin duda, no fue casual. La ciudad del Sena ya había sido un importante centro administrativo durante la época romana, por lo que contaba con una posición estratégica en el centro de la Galia. A partir de ese momento, pues, París se convertiría en un símbolo del poder franco y en un centro de poder religioso e intelectual.

No deja de ser curioso que la capitalidad de París coincidiera en el tiempo con la promulgación de la célebre ley Sálica (507), ya saben, aquel código de leyes que se desarrolló durante el reinado de Clodoveo —y que se basaba en las tradiciones legales germánicas—, que regulaba aspectos como la herencia, la propiedad, el matrimonio y el derecho penal[36].

En cualquier caso, resulta más que evidente que el reinado de Clodoveo I marcó el fin de la época romana y el comienzo de una nueva era en la historia de Francia; una era dominada por los francos y marcada por la expansión del cristianismo y el desarrollo de una nueva identidad nacional. Se habían sentado las bases para la formación de la Francia moderna.

Pero el 27 de noviembre de 511, a la edad de cuarenta y cinco años, Clodoveo muere en París, y su cuerpo es inhumado en la entonces llamada Basílica de los Santos Apóstoles —basílica que más tarde sería rebautizada como «Abadía de santa Genoveva de París»[37]—.

---

36 Una de las cláusulas más famosas de la ley Sálica prohibía a las mujeres heredar tierras, lo que tuvo repercusiones sobre los derechos sucesorios de las mujeres en las monarquías europeas de siglos posteriores.

37 Gracias a sus rezos, Santa Genoveva consiguió que Atila y sus hunos pasaran de largo y no arrasaran París, sufriendo al poco tiempo su famosa derrota en los Campos Cataláunicos a manos de los romanos y sus aliados visigodos. ¿Recuerdan? Asimismo, la santa contribuyó a la trascendental conversión al catolicismo de Clodoveo. En 1130 sus restos fueron sacados en procesión por la ciudad de París ante la amenaza de una terrible plaga de peste y, al parecer, tras ello se erradicó la epidemia, lo cual impulsó su canonización por la Iglesia católica. El 21 de noviembre de 1793, los revolucionarios franceses expoliaron sus restos arrojándolos al río Sena, tras fundir el ataúd de plata que los había contenido durante siglos. Gracias a la intervención de los devotos pudo recuperarse una mínima parte de sus cenizas, albergándolas en la iglesia de Saint-Étienne-du-Mont, donde reposan en la actualidad.

Tras la Revolución francesa (1807), la abadía fue parcialmente destruida, siendo solo visible en la actualidad la torre del campanario, la llamada *Tour Clovis*[38].

Pero su reino, que había sido unificado a golpes de espada y cruz, sería ahora dividido entre sus cuatro hijos: Teodorico, Childeberto, Clodomiro y Clotario. Así, los reyes merovingios, que con Clodoveo habían alcanzado la cima, comenzaron una lenta decadencia debido, en parte, a esa costumbre de dividir el reino entre los hijos del monarca. Desde entonces, y fruto de esta división, la historia de los francos será la de la rivalidad entre dos zonas, Austrasia y Neustria por alcanzar la hegemonía.

Pero antes de seguir con esta apasionante historia, repleta de intrigas y traiciones, déjenme hacer un nuevo salto temporal —esta vez hacia atrás— y volver por un instante al día en que Clodoveo se convirtió al catolicismo…

División del reino franco entre los cuatro hijos de Clodoveo I. Grandes Chroniques de saint-Denis. Bibliothèque municipale de Toulouse.

38 Actualmente el lugar está ocupado por el centro de enseñanza secundario Lycée Henri IV, y la leyenda nos cuenta —aunque la arqueología no lo ha confirmado— que Clodoveo sigue enterrado en los cimientos de la antigua abadía.

Los misteriosos sicambrios

Veamos que nos cuenta al respecto el bueno de Gregorio de Tours en su *Historia Francorum.*

Pues bien, el cronista galorromano del siglo IV nos dice que el rey franco Clodoveo I, en ocasión de su bautismo en la fe católica en el año 496, es referido como «sicambrio» por el obispo de Reims, San Remigio, quien, como ya vimos, fue el encargado de oficiar la ceremonia: «*Milis depone colla, sicamber, adora quod incendisti, incendi quod adorasti*» («Inclina la cabeza humildemente, sicambrio, venera lo que has quemado, quema lo que has venerado»). Allí se establecía, pues, un estrecho vínculo entre los sicambrios y los antepasados de Clodoveo, es decir, la casa real merovingia de los francos.

Pero ¿quiénes eran los esos sicambrios?

Seguro que los recordarán. Hablamos de ellos cuando nos referimos a aquel conglomerado de tribus germánicas que acabaron uniéndose bajo el nombre de francos. Los sicambrios eran una de esas tribus.

De hecho, la tribu de los sicambrios ya había aparecido en la historia en el 55 a. C., durante el período de conquista de la Galia por Julio César, en la margen derecha del Rin. Eran una de aquellas tribus que se hallaban en constante conflicto con los ubios[39], aliados de los romanos, y que el propio César califica de germanos —aunque, en realidad, no se sabe si eran un pueblo germano o celta—. En este sentido, desconocemos por completo qué lengua hablaban, aunque muchos de sus nombres terminan en sufijos celtas como *-rix* (Baetorix, Deudorix...).

39 Suetonio nos cuenta que en tiempos de Augusto se obligó a los sicambrios, junto a los ubios, a trasladarse a la orilla occidental del Rin. Por su parte, Estrabón dice que vivían a ambos lados, cerca de su desembocadura, en bosques pantanosos.

Las crónicas nos cuentan que en el año 16 a. C., los sicambrios derrotaron a un ejército romano liderado por Marco Lolio, lo que provocó la inmediata reacción del Imperio romano, dando origen a una serie de guerras contra las tribus germánicas.

Además, se sabe que en septiembre del año 9 d. C. los sicambrios, bajo el mando de Deudorix —hijo de Baetorix—, lucharon al lado de Arminio en la batalla del Bosque de Teutoburgo que aniquiló a las tres legiones de Publio Quintilio Varo.

Dos años después, en el 11 a. C., los sicambrios fueron forzados por Nerón Claudio Druso a desplazarse a la margen izquierda del Rin, donde formaron el componente central de la llamada confederación de los francos.

En definitiva, por todo ello, los reyes merovingios reivindicarán su descendencia de los sicambrios —ellos creían que había sido originalmente una tribu escita o cimeria, que antes había habitado la desembocadura del Danubio—, quienes cambiaron su nombre a «francos» bajo el mandato de un cierto jefe tribal llamado «Franko», que sería el que unificó la confederación.

Pero aún hay más. Según se nos cuenta en el *Liber Historiae Francorum* —recuerden, aquella obra anónima de época carolingia—, tras la caída de Troya un numeroso grupo de 12.000 troyanos, al frente de los cuales se encontraban Príamo y Antenor, llegaron huyendo al río Tanais —el actual río Don— y se asentaron en Panonia junto al mar de Azov. Y allí fundaron una ciudad a la que llamaron Sicambria. Increíble, ¿verdad?

Ahora bien, como se pueden imaginar, no existe ninguna evidencia arqueológica de este hecho[40] —ni siquiera hay fuentes documentales entre los propios sicambrios que hablen de ello—; pero eso no fue impedimento para que durante toda la Edad Media los reyes merovingios estuvieran plenamente convencidos de descender de los troyanos —y por extensión de los sicambrios—. Así pues, los merovingios acabarían trazando sus orígenes sicambrios en la figura

40 Sin embargo, hay quien asegura que la fundación por parte de los francos de ciudades como París o Troyes son la clara evidencia del origen troyano de los merovingios. Como, sin duda, se habrán dado cuenta, la ciudad francesa de Troyes recibiría su nombre de la mismísima Troya. Del mismo modo, la ciudad de París debería su nombre al príncipe Paris, hijo del rey Príamo.

de Marcomir I, el último rey de Troya. Pero, evidentemente, dicho gobernante no es aceptado como histórico. Sin embargo, de acuerdo con algunos registros, un líder tribal llamado Marcomero precedió a la dinastía merovingia en torno al año 400; y no debemos olvidar que, como ya vimos, el *Liber Historiae Francorum* nos habla de un tal Marcomir, líder de los amsivarios y los catos, quien propuso a su hijo Faramundo como único rey de los francos.

Un último detalle sorprendente: ¿recuerdan el poder de la larga melena de los merovingios y su vinculación con la historia bíblica de Sansón? Verán, resulta que los escitas y cimerios, aquellas tribus de la cuales los sicambrios creían descender —según nos cuenta la *Crónica de Fredegario*—, poseen una curiosa conexión con aquellos relatos del Antiguo Testamento.

En la Biblia se conoce a los cimerios como los descendientes de Gómer —por eso se les llama también «gómeres»—, el nieto de Noé, por la parte de su hijo Jafet. Y los hebreos creían que estos cimerios eran la tribu madre de los escitas criadores de caballos, aquella que en el *Génesis* se les conoce a su vez como descendientes de Askenaz, el primero de los tres hijos de Gómer. En resumidas cuentas, tanto cimerios como escitas retrotraen sus orígenes al mismísimo Noé. Es por ello que los reyes merovingios afirmaban ser descendientes del creador de la famosa arca, al que consideraban como la fuente de toda la sabiduría bíblica. De ser así —por muy inverosímil que pueda parecernos—, el Antiguo Testamento nos ofrecía la vinculación entre personajes tan distantes como Noé y Sansón: el de la larga cabellera era de la tribu de Dan; Dan era el quinto hijo de Jacob; Jacob era el nieto de Abraham; y de Abraham a Noé solamente distaban nueve generaciones (Taré, Nacor, Serug, Reu, Peleg, Heber, Salah, Arfaxad y Sem). Increíble *link*, tan extenso como los cabellos de Sansón y los merovingios, pero que, sin duda, los sicambrios —y por extensión los «reyes melenudos»— tuvieron siempre muy presente para acreditar su ascendencia divina.

El «Juego de Tronos» merovingio

Volvamos a los hijos de Clodoveo y adentrémonos en una de las épocas más tenebrosas y sangrientas de la historia, repleta de brutalidad, fratricidios, guerras entre hermanos y traiciones, en una carrera descarnada por el poder y la riqueza. Una trepidante historia de venganza, a lo «Juego de Tronos», que haría temblar a los mismísimos hijos de Fëanor.

Vayamos por partes…

Como ya vimos, tras la muerte de Clodoveo el 27 de noviembre de 511, su reino fue dividido entre sus cuatro hijos: Teodorico I recibiría la región de Reims —llamada Austrasia—, la tierra del este, con capital en Metz; Clodomiro se quedó con Orleans, en el valle del Loira; Childeberto I se hizo con París y el valle del Sena, aunque poco después acabaría por conquistar la parte de su hermano Clodomiro; y Clotario I ocupó Soissons y la zona belga, gobernando la región de Neustria, la tierra del oeste.

Y entonces comenzaron las intrigas y las maquinaciones fratricidas para hacerse con el poder. Veamos…

Teodorico I era el hijo primogénito de Clodoveo, por lo que, a pesar de ser un hijo bastardo —su madre era una princesa ripuaria, posiblemente Evochildis de Colonia—, salió beneficiado en el reparto territorial. Suya sería la parte oriental del territorio franco, más conocida como Austrasia, es decir, se quedó con la mitad del reino.

En 511, Teodorico se casó con la princesa visigoda Eustere, la hija de Alarico II, con la que tuvo un hijo, el futuro Teodeberto I. Pero Eustere murió en 521, por lo que, al año siguiente, Teodorico contraería matrimonio en segundas nupcias con la princesa burgundia Suavegota, la hija del rey Segismundo. De aquel matrimonio nacería una hija, Teodequilda.

Pero sucedió que su madre Clotilde —ansiosa por vengar a su sobrino, que había sido asesinado por el rey Segismundo—, junto a sus otros tres hermanos, se unieron en el año 523 en una expedición militar contra los burgundios: fue la llamada Primera Guerra Burgundia. En definitiva, aquel fue un enfrentamiento entre católicos, ya que hacia el año 500 Segismundo se había convertido del arrianismo al catolicismo. En un primer momento, el rey Teodorico no se unió a dicha expedición —era el yerno de Segismundo y no podía arremeter contra su suegro—, pero sí que lo hicieron sin piedad sus tres hermanos, y Clodomiro acabaría ahogando al rey burgundio —junto a su mujer y sus dos hijos, Gisaldo y Gundebaldo— en un pozo, cerca de Orleans.

Pero al año siguiente, Teodorico terminaría por tomar cartas en el asunto, ya que su hermano Clodomiro murió en la Batalla de Vézeronce, víctima de una estratagema del rey burgundio Gundemaro, el hermano y sucesor de Segismundo. La larga cabellera de Clodomiro acabó delatándole, siendo herido por un lanzazo y finalmente decapitado —su cabeza fue clavada en una estaca—.

Tras la muerte de Clodomiro, sus tres hijos, Teodobaldo, Gunthar y Clodoaldo, se quedaron con su esposa, Gondioque de Burgundia, quien acabaría casándose con su cuñado Clotario. Este no se anduvo por las ramas y —con la ayuda de su hermano Childeberto y la bendición de su madre Clotilde— degolló sin piedad a sus hijastros para poner a salvo sus derechos sucesorios, ya que la ley sálica imponía la partición del reino entre los hijos de Clodomiro. Nos cuenta Gregorio de Tours en su crónica que Childeberto y Clotario preguntaron a su madre si deseaba que sus nietos, de diez y siete años, continuasen viviendo con el pelo cortado —es decir, como monjes— o si tenían que matarlos a los dos. A lo que Clotilde respondió: «Antes muertos que tonsurados, si no van a llegar a reinar». ¡Vaya con la abuela!

Sin embargo, Clodoaldo, el hijo más pequeño de Clodomiro acabaría huyendo de la masacre, renunciando a su parte y haciéndose finalmente abad de Novigentum, la actual Saint-Cloud, después de trasquilarse él mismo.

Una vez allanado el camino, Clotario y Childeberto pudieron repartirse libremente el territorio de su hermano fallecido. Pero las ambiciones de Clotario no tenían límite, y tras una serie de campañas militares —contra turingios, burgundios, visigodos y sajones— y de adquisiciones territoriales fruto de distintas intrigas familiares —en 555, Teodebaldo, el nieto de Teodorico, murió sin hijos, por lo que Clotario se casó con su viuda Vuldetrade para asegurarse la sucesión del reino de Reims; por otro lado, en 558 Childeberto moriría también sin descendencia masculina—, acabó por unificar todas las tierras de los francos, tal como ya había hecho su padre casi cincuenta años antes, autoproclamándose rey de los francos.

Asesinato de Teodobaldo y Gunthar. Manuscrito del siglo xv, Chroniques de France, Bibliothèque nationale, Paris.

Llegados a este punto, quizá les sorprenda el hecho de que Clotario se casara con Vuldetrade, la viuda de Teodebaldo. ¿Pero no estaba ya casado con su cuñada Gondioque, la viuda de su hermano Clodomiro? Lo cierto es que el rey Clotario llegó a contraer matrimonio hasta en seis ocasiones… y no porque se hubiese quedado viudo. Me explico.

A pesar de que, como recordarán, Clodoveo i se había convertido al catolicismo en el año 496, su hijo Clotario nunca consideró que la doctrina cristiana de la monogamia fuera un requisito exigible a la realeza. Así, no era extraño que un rey tuviera varias esposas y varios herederos rivales tras su muerte. Ahora bien, esta práctica de la poligamia entre los gobernantes merovingios era más por motivos de conveniencia política —es decir, con el fin de formar alianzas—, que por motivos personales. El objetivo, pues, no era otro que mantener la paz y la conservación del reino, apaciguando a los distintos líderes locales mediante matrimonios de conveniencia. No olviden que, bajo la ley sálica de Clodoveo, la herencia quedaba repartida equitativamente entre todos los hijos, lo cual hacía que a menudo el reino merovingio quedara dividido en pequeños subreinos. Y la poligamia intentaba paliar, en cierto modo, aquella anomalía.

Así pues, Clotario se casó seis veces. Como ya vimos, primero contrajo matrimonio con su cuñada Gondioque de Burgundia, tras la muerte de Clodomiro (524). Luego se casó con Chunsina, de la que no conocemos casi nada, solamente que fue la madre de Cram —luego veremos qué le sucedió al hijo de Clotario—. Posteriormente, en 532, Clotario se casó con la princesa turingia Ingonda, quien, según nos cuenta Gregorio de Tours, después de haber pedido a su esposo que encontrara un marido digno de su rango para su hermana Arnegonda, fue repudiada en favor de esta última. Y claro, en 534 Clotario se acabó casando con Arnegonda. «Pensé en concederte la merced que tu dulzura deseaba de mí —cuenta la crónica que le dijo el rey a Ingonda—; *busqué para tu hermana un hombre rico y formal, y no he encontrado nada mejor que yo mismo. Has de saber, pues, que la he tomado por esposa, lo que supongo no te desagradará*».

En el año 531 Teodorico y Clotario derrotaron al reino turingio y se trajeron a tierras merovingias a su princesa, Radegunda. Durante diez años Radegunda recibiría una educación religiosa e intelectual de parte de Ingonda; y finalmente, cuando Ingonda murió (538), Clotario decidió convertirla en su esposa. Pero Radegunda no deseaba convertirse en reina de los francos, y aunque intentó escapar en más de una ocasión, finalmente la boda se llevó a cabo en Soissons hacia el 539. Sin embargo, la reina jamás vistió como una reina, ya que siempre lo hacía de forma sencilla para mostrar su humildad cristiana. Muy pronto las malas lenguas comenzaron a acusar al rey de haberse casado con una monja.

Lo cierto es que Radegunda se dedicó de pleno a una vida piadosa y caritativa hacia los pobres, lejos de las opulencias reales. Después de que Clotario asesinara a su hermano, Radegunda decidió huir para no vivir con un asesino. Así es que vendió todas sus joyas para acabar fundando la abadía de Sainte-Croix de Poitiers. Allí mandó construir un importante hospital, donde cuidaba a los enfermos e impartía enseñanza en las artes de la sanación, curando heridas y fracturas, y preparando remedios.

Finalmente, como ya vimos, en 555, Vuldetrade, la viuda de Teodebaldo, acabaría siendo la sexta esposa de Clotario. El objetivo era claro: asegurarse la sucesión del reino de Reims, así como una alianza con los lombardos —Vuldetrade era la hija de Wacho, el rey de los lombardos—. Pero la jugada no le salió tan bien como deseaba, ya que los obispos acabaron condenando esta unión incestuosa, obligando a Clotario a divorciarse de ella.

En definitiva, tras décadas de rivalidad con sus hermanos, que incluyeron el asesinato de sus sobrinos e incluso la ejecución de su propio hijo Cram —el hijo de Chunsina se había rebelado contra su padre y así, en 560, el rey le hizo prisionero y fue quemado, junto a su mujer y sus hijas, en una cabaña, tras haberlo estrangulado él mismo con un sudario— Clotario I acabó reunificando el reino franco bajo su propio dominio sobreviviendo a sus hermanos y heredando todas sus tierras. Sin embargo, su reinado duró menos de tres años, ya que murió en 561, y el reino fue dividido una vez más entre sus cuatro hijos: Cariberto I, Gontrán I y Sigeberto I —hijos de Ingunda—; y Chilperico I —hijo de Arnegonda—.

La muerte de Clotario dio lugar a una nueva ronda de intrigas, guerras civiles y asesinatos, alimentada, sobre todo, por la rivalidad entre las reinas Brunequilda de Austrasia y Fredegunda de Neustria. Pronto entraremos de lleno en esa época convulsa, pero antes, ya que estábamos hablando de la reina Arnegonda, permítanme hacer un nuevo salto temporal para contarles una fascinante historia…

Un pulmón momificado

En 1959, unas excavaciones arqueológicas dirigidas por Michel Fleury, uno de los más destacados especialistas franceses del momento, descubrieron en la basílica de Saint-Denis en París —el lugar de enterramiento durante siglos de los reyes de Francia— numerosos sarcófagos medievales, muchos de ellos identificados como merovingios.

El personaje sepultado allí pudo identificarse sin dificultad gracias al vestido y las joyas que le acompañaban —sabemos que los merovingios enterraban a sus muertos rodeados de algunas de sus riquezas, principalmente armas y joyas—. Así, uno de los anillos de oro hallados en aquella tumba contenía la inscripción *Arnegundis* rodeando el monograma central *Regine*. No había duda: aquellos eran los restos mortales de la reina Arnegonda, la cuarta esposa del rey merovingio Clotario I, y la madre de Chilperico I.

Una curiosidad: los análisis científicos de sus restos evidenciaron que, con casi toda seguridad, Arnegunda sufría algún tipo de discapacidad física importante —seguramente cojeaba desde niña a causa de una poliomielitis—, la cual cosa podría sustentar la idea de que Clotario se casó con ella por lástima —a instancias de su hermana Ingonda, ¿recuerdan?— ya que de otro modo jamás hubiera encontrado marido. Parece razonable.

Pero en el interior del sarcófago de piedra de la reina había algo más… Junto a los restos de joyas, tejidos y huesos —incluso había un mechón de pelo—, el equipo de Fleury encontró lo que parecía ser un órgano momificado. Inexplicablemente, se trataba del pulmón de la reina merovingia. ¿Cómo era aquello posible? ¿Cómo había soportado aquel órgano tan bien el paso del tiempo? ¿Se había momificado de forma natural? ¿O había sido sometido a algún tipo de proceso para conservarlo artificialmente? ¿Practicaban los merovingios la momificación?

Sarcófago de la reina Arnegonda en la Basílica de Saint-Denis.

Aquello, sin duda, era algo inusual, ya que no existía ni el más mínimo rastro de momificación en el resto de los sarcófagos allí presentes. Sabido era que los merovingios embalsamaban a sus monarcas siguiendo un procedimiento que, sin duda, habían aprendido de los romanos —quienes a su vez lo habían obtenido de los egipcios—, pero esa «momificación merovingia» era un proceso mucho menos sofisticado, ya que se basaba principalmente en el uso de aceites, resinas y plantas aromáticas como el tomillo, la mirra o el aloe. Y desde luego, aquello no podía explicar, de ninguna de las maneras, el estado en que se había encontrado el pulmón de Arnegunda. ¿Por qué el resto de los órganos no habían sufrido dicha presunta momificación?

Finalmente, en el año 2016, un equipo internacional de investigadores dirigido por la bioantropóloga Raffaella Bianucci, de la Universidad de Turín, dio con la solución. Y la clave estaba en un cinturón de cobre hallado junto a los restos…

Los análisis revelaron que la superficie del tejido pulmonar presentaba altas concentraciones de iones de cobre y de óxido de cobre, así como bajos niveles de ácido benzoico y otros compuestos similares —dichas substancias son de origen natural y muy similares a las encontradas en algunas momias egipcias—, hecho que confirmaría la teoría de que Arnegonda podría haber sido sometida a una inyección oral de un fluido con componentes de plantas aromáticas o especias, que se habría acumulado en su pulmón.

Y como Arnegonda llevaba puesto en la cintura un cinturón de una aleación de cobre, los investigadores llegaron a la conclusión de que el óxido de cobre hallado en el pulmón de la reina procedería del deterioro del cinturón. Así pues, las propiedades conservantes del cobre, unidas al tratamiento con especias, habrían permitido la momificación del pulmón, ya que había sido precisamente allí donde se había acumulado el líquido balsámico. Y ese sería el motivo por el cual el pulmón era el único órgano conservado. Fin del misterio.

La batalla de las reinas

«Cuando se juega al juego de tronos solo se puede ganar o morir. No hay puntos intermedios», sentencia Cersei Lannister, la reina de los Siete Reinos, en una de las temporadas de la exitosa serie. Y ciertamente, tras la muerte de Clotario I en 561 y la división del reino entre sus cuatro hijos, continuó aquel despiadado juego…

Cariberto I, que había recibido el Reino de París, moriría pronto, a finales de 567, a consecuencia, sin duda, de una vida licenciosa llena de excesos. El rey había tomado como amantes a dos hermanas de gran belleza que figuraban en el séquito de su mujer, Ingoberga. Sus nombres eran Marcovefa —que vestía hábito de monja— y Merofleda. De hecho, Cariberto acabó repudiando a su mujer para casarse con Merofleda. Pero los instintos disolutos de Cariberto no terminaron ahí. A poco tiempo, el rey de París contrajo de nuevo matrimonio con una joven llamada Teodegilda, la hija de un pastor de ovejas. Y cuando Merofleda murió, pocos años después, al monarca merovingio le faltó tiempo para casarse con su hermana, la monja Marcovefa. Todo aquel «baile de esposas» terminó con la excomunión de Cariberto, acusado de doble sacrilegio: como bígamo —de acuerdo con las leyes eclesiásticas del momento, casarse con la hermana de su esposa era considerado una especie de incesto—, y como consorte de una mujer que había tomado los hábitos de religiosa —por casarse con una monja, vamos—.

Así pues, tras la muerte de Cariberto sus tres hermanos se dividieron su reino, acordando mantener París como capital. La reina Teodegilda, por su parte, quiso entonces casarse con su cuñado Gontrán, pero ya saben, aquellas uniones habían sido proscritas como incestuosas, por lo que la pobre viuda acabó despojada de sus bienes y encerrada en un convento de monjas en Arlés.

A Gontrán I le correspondió el Reino de Borgoña, y estableció Orleans como capital. A pesar de su carácter afable, casi sacerdotal —Gregorio de Tours lo llama «el buen rey Gontrán»—, el monarca de Orleans cambió de cónyuge tantas veces como sus hermanos, incluso tuvo un hijo, Gundobado, con una concubina llamada Veneranda. Más tarde, el rey contrajo matrimonio con Marcatruda, hija de un tal Magnacar, quien, en un ataque de celos, envenenó a su hijastro bastardo. Gontrán, lleno de cólera, acabó repudiándola, casándose de nuevo con Austregilda, una criada del mencionado Magnacar, con la que tuvo dos hijos, Clotario y Clodomiro.

Sin embargo, su constante actitud en defensa de los oprimidos y su cuidado especial de los enfermos —que le valieron ser declarado santo inmediatamente después de su muerte en 592— contrastan con sus accesos de furor súbito, como en aquella ocasión en la que hizo torturar a varios hombres por la pérdida de un cuerno de caza; o aquella otra en la mató a un noble franco por sospechar que había dado muerte a un búfalo en sus propiedades. Pero el acto, quizá, más cruel de san Gontrán sucedió cuando su joven esposa Austregilda cayó enferma de viruela y acabó falleciendo a los pocos días. Austregilga, creyéndose envenenada, acusó directamente a los dos médicos que la habían asistido. Y claro, Gontrán, para vengar la muerte de su mujer, hizo enterrar vivos a Nicolás y Donato, los desgraciados médicos de la reina.

Por su parte, Sigeberto I fue el rey de Austrasia, el reino oriental, cuya capital pasaría de Reims a Metz, tras las constantes incursiones de los ávaros, una feroz tribu nómada emparentada con los temibles hunos. Al contrario que sus hermanos, Segiberto decidió no tener más que una esposa y quería que esta fuese de sangre real. Así es que finalmente eligió a la bella Brunequilda, la hija del rey visigodo Atanagildo. Dicho y hecho. La embajada de Austrasia salió presta de Metz rumbo a Toledo para hacer la petición de mano al rey de los visigodos, y así, en el año 566 se acabó celebrando la ceremonia nupcial, con una gran pompa, en la residencia real de los reyes merovingios de Oriente.

Sigibertro aún no lo sabía, pero aquel matrimonio acabaría siendo la semilla que haría germinar una terrible guerra entre los dos grandes reinos del este y del oeste, una batalla, en definitiva, entre dos grandes mujeres, que no terminaría hasta el año 613.

Boda de Brunequilda y Sigeberto I. Grandes crónicas de Francia. BNF.

Al cuarto hermano, el rey Chilperico I —más bien hermanastro, ya que era hijo de la reina Arnegonda—, le correspondió Neustria, la parte occidental del reino, cuya capital era Soissons. Chilperico era, sin duda, el más ambicioso de los cuatro hijos de Clotario. Nada más formalizarse el reparto de los territorios de su padre —y a pesar de que a él le había correspondido el núcleo político del reino merovingio—, el rey de Neustria, aprovechando una ausencia de su hermanastro Sigebereto, se apoderó de la ciudad de Reims. Pero poco habría de durarle aquella conquista, ya que cuando regresó Sigeberto, retomó su capital y persiguió a Chilperico y entró por la fuerza en Soissons, la capital de Neustria. El carácter violento y vengativo de los dos hermanos habría de pasarles factura en un futuro no muy lejano. Sin embargo, en aquel momento consiguieron reconciliarse, prestando un nuevo juramento de no agresión mutua.

Gregorio de Tours, en su crónica, llama a Chilperico «el Nerón y el Herodes de nuestro tiempo», destacando su carácter brutal y libertino. Pero esa vida de esposas y concubinas no acababa de satisfacerle, sobre todo tras la fastuosa boda de Sigeberto con la bella Brunequilda. Le parecía que llevaba una vida menos regia que su hermanastro, así es que decidió tomar también una esposa de noble cuna. Y claro, no se le ocurrió otra cosa que enviar una embajada al rey visigodo Atanagildo para pedirle la mano de su primogénita, la princesa Galsvinta. Así, en 567, tras repudiar a su esposa Audovera y oficializar una promesa formal ante sus futuros suegros de abandonar a todas sus concubinas, Chilperico y Galsvinta se casaron.

El rey de Neustria se había salido con la suya: ya tenía su propia princesa visigoda; y, además, era la hermana mayor de la mujer de su hermanastro.

Pero como era de esperar, Chilperico no cumplió su palabra y a menudo se dejaba ver ante toda la corte con una de sus amantes favoritas, Fredegunda. Aquello era demasiado para la pobre Galsvinta, quien, vejada y humillada, quiso abandonar la corte y regresar a Hispania con sus padres. Pero aquello fue su sentencia de muerte.

Astuta y ambiciosa, Fredegunda no se conformaba con ser la amante del rey, quería más, mucho más. Así es que pronto convenció al monarca para que matara a la desdichada princesa hispana. Y así fue. Una noche, un asesino enviado por Chilperico se coló en la alcoba de la reina y la estranguló mientras dormía. Pocos días después, el rey se casó con Fredegunda.

Chilperico estrangula a su mujer Galsvinta. Grandes Chroniques de France.

Aquel despiadado asesinato fue el inicio de una cruel tormenta de conjuras, guerras y muertes, que hicieron tambalear los reinos de Neustria y Austrasia durante casi cincuenta años. Incluso hizo germinar una inquietante leyenda según la cual, el día del funeral de la desventurada Galsvinta, una lámpara de cristal que pendía cerca de su tumba se desprendió de pronto sin que nadie pusiera en ella mano alguna, cayendo estrepitosamente sobre el pavimento de mármol sin romperse ni apagarse. Los allí presentes vieron, incrédulos, como aquel mármol se reblandecía y la lámpara se hundía a medias en él[41].

En la corte de Austrasia de inmediato se sospechó de Chilperico y Fredegunda de aquel cruel asesinato, y Sigeberto asumió el deber de vengar a su cuñada, declarando la guerra a su hermanastro. Por su parte, su madre, la reina visigoda Gosvinta —su marido Atanagildo ya había muerto en Hispania en 567— y su hermana Brunequilda se aliaron para hacer justicia y desenmascarar a los auténticos responsables de la muerte de Galsvinta.

Sigeberto, finalmente, exigió a Chilperico que pagara el llamado *Wergeld*, el precio de sangre, una especie de tasa o cuota de salvaguardia que, según la ley germánica, ponía fin a la guerra entre ofensor y ofendido. Así pues, el rey de Neustria accedió a entregar a Brunequilda una serie de ciudades que pertenecían a su difunta mujer. Pero esa presunta reconciliación habría de durar bien poco, ya que en 573 Childerico volvería a apropiarse de ellas.

La guerra fratricida volvió a recrudecerse, pero esta vez, Sigeberto buscó el apoyo de su hermano Gontrán, el rey de Borgoña. Pero mientras los ejércitos de Neustria y Austrasia se batían en los campos de batalla, otra guerra mucho más sibilina tenía lugar entre las cortes de ambos reinos. Y en ella, la reina Fredegunda tendría un papel destacado…

Según nos cuenta Gregorio de Tours en su crónica, Fredegunda era una mujer sádica que hizo de la extorsión, la tortura, el puñal y el veneno su *modus operandi*. Hizo asesinar sin piedad a docenas de adversarios influyentes, tras encarcelarlos y someterlos a crueles

41 Thierry, Augustin: *Relatos de los tiempos merovingios*. Espasa Calpe Argentina. Buenos Aires. 1946.

torturas —el mismísimo obispo Pretextato fue una de sus víctimas—. A un pobre sacerdote que dudó en cumplir su orden de asesinato, le hizo cortar las manos y los pies. Así era Fredegunda, «inimica Dei atque hominum» («enemiga de Dios y de los hombres»), según la calificó el obispo de Tours.

Pues bien, en este contexto malsano, Frenegunda envió sicarios con puñales envenenados a la corte de Austrasia con el fin de asesinar a Brunequilda y al pequeño Childeberto, el heredero del reino oriental. En aquella ocasión no tuvo éxito.

Así las cosas, y tras años de intentos de asesinatos mutuos entre los dos reinos, en 575, Sigeberto pareció alzarse con la victoria tras la toma de París. El rey de Neustria, acorralado en Tournai, parecía definitivamente derrotado. Pero entonces apareció Fredegunda y jugó su última carta: dos de sus asesinos a sueldo se disfrazaron de nobles austrasianos de la corte de Sigeberto, lograron acercarse al rey, y desenvainando los puñales envenenados que les había entregado Fredegunda —los vulgarmente llamados *scramasax*—, dieron muerte al monarca de Austrasia.

Fredegunda armando a los asesinos de Sigeberto. Emmanuel Herman Joseph Wallet.

Muerto Sigeberto, Brunequilda y su hijo cayeron inmediatamente en manos de Chilperico, quien, tras encerrarlos en un monasterio de Rouen, se apoderó del reino de su hermanastro. Pero la reina de Neustria, en su cautiverio, urdió un plan para poner a salvo al pequeño Childeberto, de cinco años. Para ello contó con la ayuda inestimable del único amigo seguro que le quedaba a la reina: el duque Gundebaldo. La huida fue de lo más rocambolesca. El niño fue descolgado en una enorme cesta por una de las ventanas y transportado de noche fuera de la ciudad. Gundebaldo viajó solo con Childeberto hasta llegar a Metz, donde muy pronto el pequeño fue proclamado rey de Austrasia.

Pero Brunequilda aún no había dicho su última palabra. Su siguiente objetivo sería en príncipe Meroveo, el hijo que Chilperico había tenido con su primera mujer, Audovera —aquella a la que Fredegunda había encerrado en un monasterio—. La verdad es que a Brunequilda no le costó seducir a su sobrino —la reina de Austrasia era una mujer de gran belleza—, y con su ayuda, logró escapar del convento en donde la habían encerrado. El obispo Pretextato ofició en secreto el matrimonio entre ambos en Rouan. Y lo hizo en secreto porque aquel matrimonio incestuoso entre tía y sobrino iba en contra del derecho canónico. Aquel acto habría de costarles la vida al obispo y al novio —¿recuerdan que Fredegunda mandó ejecutar a Pretextato?—.

Cuando Chilperico se enteró de la noticia, sintiéndose traicionado por su propio hijo, arremetió contra él, sin duda bajo la influencia de Fredegunda, apartándolo de la sucesión, tonsurándolo —ya saben, cortándole su larga cabellera— y degradándolo a la condición de presbítero. Tiempo después, Meroveo acabaría asesinado por orden de su madrastra.

Por su parte, Brunequilda se había refugiado en la corte de Borgoña, al amparo de su cuñado Gontrán, quien acabaría adoptando al pequeño Childeberto como su legítimo heredero.

Pero en 584 sucedió lo inesperado: el rey Chilperico es asesinado de varias cuchilladas en su palacio de Chelles, cerca de París, a su regreso de una cacería. ¿Quién había matado al rey de Neustria? ¿Su enemiga Brunequilda? ¿O su mujer Fredegunda? Lo cierto es que ambas tenían motivos más que suficientes para cometer aquel magnicidio.

Brunequilda odiaba a su cuñado Chilperico. Él había sido el responsable de la muerte de su querida hermana Galsvinta —aunque estaba plenamente convencida de que la cruel Fredegunda era la verdadera instigadora de aquel crimen—; y, además, el rey no había movido un solo dedo para evitar que su sanguinaria esposa asesinara impunemente a Sigeberto. Pero aquello no era todo. Tanto Brunequilda como su madre Gosvinta se habían sentido humilladas al saber que Leovigildo, el rey de los visigodos, había concertado el matrimonio de su segundo hijo, Recaredo, con Rigunta, la hija de Chilperico y Fredegunda. Aquello fue la gota que colmó el vaso.

Así pues, Brunequilda, enfurecida, logró interceptar el cortejo de la joven Rigunta, cuando viajaba a Hispania para casarse con Recaredo, impidiendo el matrimonio. Algunas crónicas mantienen que, además, consiguió sus asesinos dieran muerte al rey Chilperico, envenenándolo en sus aposentos.

Fredegunda y Rigunta. Grabado en acero de Mme de Witt, Vieilles histoires de la patrie, 1887.

Pero Fredegunda también tenía sus propios motivos para eliminar a su marido. Tras años de infructuosos intentos por dar a luz a un hijo varón —hasta el momento solo había logrado criar hijas, ya que los hijos varones que paría se morían al poco tiempo—, por fin consiguió hacer sobrevivir a un niño, Clotario. Era, pues, el momento de reclamar el trono de Neustria para su hijo —y para sí misma—, pero para ello debía suprimir a Chilperico de la ecuación. La ambición de Fredegunda no tenía límites. Además, ¿qué mejor manera ocultar una infidelidad matrimonial —en aquella época la reina mantenía una relación secreta con un tal Landry[42], a quien posteriormente nombraría «mayordomo de palacio»— que deshacerse de su marido?

Sea como fuere, lo cierto es que, tras la muerte de Chilperico, Brunequilda ordenó a su hijo Childeberto II que marchara con su ejército contra Fredegunda, quien se había refugiado con su hijo en una iglesia de París. Finalmente escaparían bajo la protección de su cuñado Gontrán, el rey de Borgoña, y único de los cuatro hijos de Clotario I que quedaban con vida.

La guerra entre Austrasia y Neustria era cruel y despiadada, y no solamente en el campo de batalla —en 593 el enfrentamiento entre los ejércitos de ambas reinas dejó la tierra sembrada de cadáveres—, sino también en las alcobas —Fredegunda envió a un sacerdote a la corte de Brunequilda para que se ganara su confianza y le diera muerte, pero en el último momento fue descubierto—. Las dos reinas llevaban más de veinte años tratando de asesinarse mutuamente, y parecían no tener intención de detenerse.

Cuando en 592, muere Gontrán, el más anciano de los reyes merovingios, dejando el reino de Borgoña a Childeberto II, la profunda enemistad entre las dos reinas alcanzó su máxima expresión. Entonces Fredegunda volvió a mover pieza en aquella sangrienta partida, y envenenó sin compasión a Childeberto y a su joven esposa Faileuba (596).

Pero aquella habría de ser la última jugada sangrienta de Fredegunda, ya que, en 597, tras toda una vida de envenenamientos y asesinatos, la reina de Neustria falleció en su cama víctima de la disentería. Su reinado del terror había terminado.

---

42 Las malas lenguas llegaron a decir que el pequeño Clotario en realidad era hijo de Landry y no del rey.

Brunequilda, por su parte, logró sentar en los tronos de Austrasia y Borgoña a sus nietos, Teodeberto y Teoderico, y gobernar como regente en nombre de ellos. Una vez desaparecida su mortal enemiga, Brunequilda era ahora la única reina de Francia.

Sin embargo, poco habría de durarle la alegría, ya que, en 599, su propio nieto, Teodeberto de Austrasia, cansado de que el verdadero control del reino recayera en manos de su abuela, conspiró contra ella, expulsándola de la corte de Metz con el apoyo de la alta aristocracia austriaca, quien se había unido al Clotario II de Neustria. Brunequilda, temiendo por su vida, acabó refugiándose en la corte de su otro nieto, Teoderico de Borgoña, y durante los años que siguieron gobernó el reino borgoñés a través de él. Aquel fue el inicio de una cruel guerra fratricida como no se recordaba hasta entonces. Pronto nos adentraremos en ella... Valgan como adelanto las palabras del cronista Fredegardo:

> «Fue tal la mortalidad entre ambos ejércitos que, donde ambos bandos empezaron la batalla, los cadáveres de los muertos no tenían sitio donde poder yacer, sino que los muertos estaban tan apretados entre los otros cuerpos, que se mantenían erguidos cual si viviesen».

Pero ahora veamos por qué dos mujeres consiguieron ejercer el poder de una manera tan contundente, marcando el destino de los reinos merovingios. ¿Cuál era realmente el papel que jugaban las mujeres nobles francas en aquella época? Síganme y lo descubrirán...

La mujer merovingia

A pesar de que la sociedad merovingia era marcadamente patriarcal —las mujeres se mantenían subordinadas a la voluntad de los hombres que tenían a su lado, quienes ejercían sobre ellas el derecho y el deber del *mund*, es decir, de «protección»—, la verdad es que las esposas nobles tenían ciertos derechos, y varias personalidades femeninas de su tiempo, como ya hemos visto, consiguieron marcar la política del momento. De hecho, los soberanos merovingios se cuidaron mucho de preservar la antigua legislación romana, por lo que se mantenían toda una serie de restricciones relacionadas con el matrimonio, como la prohibición de casarse entre primos, o que las niñas pudieran hacerlo a los doce años —los chicos, por su parte, tenían que esperar hasta los quince—.

Ahora bien, para analizar el rol de la mujer noble merovingia debemos acudir, cómo no, a la obra de Gregorio de Tours, nuestra fuente de referencia. Según el cronista, a la mañana siguiente a la noche de bodas, los reyes merovingios entregaban a sus reinas —solamente si eran vírgenes— un cierto número de ciudades, así como los ingresos provenientes de las mismas; es lo que Gregorio de Tours denomina *morgengabe* —quizá una de las pocas palabras del dialecto franco que pueden encontrarse en su relato—. Esas ciudades eran administradas por estas damas nobles, junto a los obispos, duques o condes correspondientes; y de dicha administración ellas obtenían el dinero que posteriormente usaban para fundar iglesias y conventos, para dotar monasterios o para confeccionar los ajuares de sus hijas. Además, las reinas eran también las que administraban el tesoro público y las joyas, estando en sus manos, tanto el salario de los funcionarios como el de los criados. Así pues, podemos decir que la mujer noble franca poseía plena libertad económica sobre sus bienes.

Por otro lado, las princesas y reinas merovingias ejercieron un papel fundamental en la conversión de los hombres al catolicismo. De hecho, ese rol de la mujer como difusora de la fe —en contraposición a la condición de la mujer romana, que era considerada un simple objeto con relación a su contraparte masculina— proviene, sin duda, del mensaje mismo del cristianismo, en donde se resalta de manera explícita la igualdad esencial entre hombres y mujeres[43].

En este sentido, ¿recuerdan el decisivo papel que jugó la princesa burgunda Clotilde, la esposa del rey Clodoveo, en la conversión al catolicismo del pueblo franco? No deja de ser curioso que el bautismo de Clodoveo, junto a tres mil de sus guerreros, el día de Navidad del año 496 —conversión religiosa, pero también política, ya que a partir de ese momento francos y galorromanos se unen como un solo pueblo— acabara siendo el logro de una mujer.

A partir de entonces, pues, las mujeres nobles merovingias desempeñarán un papel esencial en la transmisión de la cultura a través de la cristianización, mediante la construcción de iglesias, monasterios y lugares de devoción, así como la fundación de claustros femeninos. De hecho, muchas damas nobles se retiraban voluntariamente a los conventos patrocinados por ellas mismas o sus familiares, sobre todo las viudas, quienes tradicionalmente dedicaban su vida a Dios y sus intereses pasaban a estar protegidos por la Iglesia —siempre había pretendientes que buscaban obtener su patrimonio casándose con ellas—.

Pero, además de los roles económicos y religiosos, las damas nobles merovingias poseían una marcada influencia política. Desde esa perspectiva, las alianzas dinástico-matrimoniales fueron una práctica muy común entre los reinos germánicos —práctica que fue conservada por los reyes merovingios—. Su objetivo último no era otro que conseguir ampliar los territorios —ya saben, mediante la *morgengabe*—, las riquezas y las conexiones políticas. Así pues, los reyes repartieron a sus hijas entre sus aliados, entre sus enemigos —con el fin de sellar la paz— o entre otros monarcas vecinos. Y claro, como ya vimos, aquello fomentó la poligamia entre los reyes francos, simultaneando

43 «Cualquiera que repudia a su mujer y se casa con otra, comete adulterio contra ella; y si la mujer repudia a su marido y se casa con otro, comete adulterio» Marcos 10: 11-12.

esposas sin importarles realmente el origen social de las mismas. Desde Clodoveo, el fundador del reino franco católico, casi todos los reyes merovingios tuvieron varias esposas y, sobre todo, concubinas, muchas concubinas —incluso a veces llegaban a casarse con ellas—. ¿Recuerdan como la princesa turingia Ingonda, la mujer de Clotario, le pidió que buscara un buen esposo para su hermana Arnegonda, y el rey no encontró solución mejor que hacerla primero su concubina, y luego su esposa? ¿O cómo Chilperico había caído en las redes de su esclava Fredegunda y no vaciló en hacer estrangular a su propia esposa Galsvinta para darle a su favorita el puesto de aquella?

En ocasiones, incluso, esa poligamia podía llegar a complicarse con el incesto. Vean si no el caso del rey Teodeberto, quien habría tomado como concubina a una matrona romana de Béziers llamada Deoteria. Parece ser que Deoteria tenía una hija de un primer matrimonio, y cuando años después esta se convirtió en una joven alta y bella —y temiendo que la joven le arrancara el favor de su marido—, la instaló en un carro de bueyes y la hizo precipitar al rio Mosa, a su paso por Verdún.

Lo sorprendente es que, con demasiada frecuencia, las hermanas, primas o sobrinas de aquellas concubinas reales venía a engrosar el harén del monarca. Y a su muerte, estas pasaban al lecho de su sucesor. Este concubinato hereditario, a ojos de la Iglesia, constituía un doble o un triple incesto, por lo que intentó luchar contra esa poligamia endogámica a través de distintas prohibiciones en sus concilios —acabó prohibiéndose el matrimonio por motivos de consanguinidad a quienes fuesen primos hermanos—. Pero todo fue en vano. Aquella práctica estaba demasiado arraigada.

Vean, a modo de ejemplo, este relato Gregorio de Tours:

> «El conde Eulalius tenía por mujer a Tetradia. Pero este hombre convertía a sus esclavas en concubinas y comenzó a olvidar a su esposa; cuando volvía de estar con una de sus concubinas, la abrumaba de malos tratos (...). Al fin, esta mujer, abocada a tales extremos y despojada de cuanto honor había disfrutado, se dejó llevar de la concupiscencia hacia el sobrino de su esposo, llamado Vir (...); este le prometió unirse con ella en matrimonio, pero, por temor a la enemistad de su tío, la envió junto al duque Didier con la intención de casarse con ella más adelante. Ella por su parte se llevó toda la fortuna de su marido, tanto en oro como en plata y vestidos más todo aquello que

había podido coger (...). Eulalius, cuando su dolor se calmó, aguardó un tanto, se arrojó sobre su sobrino y lo mató. Entonces Didier se casó con Tetradia. Eulalius sacó luego de un monasterio de Lyon a una muchacha y se casó con ella, pero sus concubinas, impulsadas a lo que se dice por los celos, le hicieron enloquecer mediante maleficios»[44].

Fíjense que en esta breve crónica podemos encontrar de todo un poco: desde el concubinato eventual con el sobrino a la sustracción de los bienes mobiliarios del marido, pasando por el asesinato del seductor, el rapto de una monja, el maltrato conyugal o las artes maléficas de las concubinas, que al parecer son las que tienen la sartén por el mango en todo este *affaire*.

Así era, pues, el mundo femenino en aquellos convulsos años. De hecho, la monogamia y la indisolubilidad matrimonial no entrarían en la práctica general en esos territorios hasta bien entrado el siglo X. Eso sí, continuó practicándose de manera habitual y sin escrúpulo alguno el concubinato con las sirvientas.

44 Ariès, Philippe, Duby, Georges: *Historia de la vida privada*. Taurus. Buenos Aires. 1987.

La reina valquiria

Sigamos…

Habíamos dejado a Brunequilda refugiada en la corte de su nieto Teoderico de Borgoña. Su otro nieto, Teodeberto de Austrasia, había acabado conspirando contra ella, hastiado del control férreo que ejercía su abuela sobre todo el reino. Y lo había hecho, como ya vimos, con el inestimable apoyo de los altos aristócratas austrios quienes, sorprendentemente, se habían aliado con su mortal enemigo, el rey Clotario II de Neustria, el odiado hijo de Fredegunda.

Pues bien, el conflicto entre los dos hermanos habría de durar décadas. Así, finalmente, en la primavera del 612, cuando las relaciones entre Teodeberto y Teoderico ya se encontraban totalmente deterioradas, el rey de Borgoña y Brunequilda decidieron atacar sin piedad al monarca de Austrasia, quien acabaría perdiendo la guerra, siendo tonsurado y encerrado en un monasterio junto a su hijo Meroveo. Ambos murieron aquel mismo año.

Sin embargo, la suerte de su hermano no habría de ser mucho mejor. Al año siguiente, poco después de tomar el trono de Austrasia, Teoderico murió de disentería a la edad de veintiséis años. Brunequilda, ya con setenta años, reclamó entonces el trono para su bisnieto Sigeberto II, de doce años, y, por supuesto, la regencia para ella[45]. Pero esta vez la jugada no habría de salirle como la anciana reina había planeado.

---

45 Teoderico II había tenido cuatro hijos ilegítimos de una concubina: Sigeberto, Corbus, Childeberto y Meroveo.

La nobleza de Austrasia, capitaneada por Pipino de Landen y Arnulfo de Metz —quien en 612 había sido nombrado obispo de Metz, aunque ni siquiera era sacerdote—, estableció entonces una alianza con Clotario II de Neustria con el fin de que invadiera Austrasia y se hiciera con el poder. Además, por si aquella traición no había sido suficiente, el mayordomo de palacio de Borgoña, un tal Warnacario, puso a los ejércitos burgundios al servicio de Clotario II. Ahora sí, sin el apoyo militar, Brunequilda no tuvo otra alternativa que huir con su bisnieto, pero serían inmediatamente apresados y entregados a Clotario. El pobre Sigeberto fue ejecutado.

Lo cierto es que sin aquella doble traición de la aristocracia terrateniente de Austrasia y de Borgoña, Clotario II no se habría alzado con la victoria —a esas alturas del conflicto las tropas de Neustria estaban más que menguadas—. En este sentido, la política de pactos fue fundamental; pactos que, a la postre, habrían de debilitar seriamente a la monarquía merovingia. Aquello fue el principio del fin. Pronto veremos como el poder de la corona acabó autolimitándose considerablemente en favor de los llamados «mayordomos de palacio». Pero no adelantemos acontecimientos y veamos qué le sucedió a la reina Brunequilda…

Según la *Crónica de Fredegario*, la reina de Austrasia fue trasladada a la ciudad de Renève, en donde, tras un rápido proceso judicial —aunque más bien podríamos hablar de «farsa pseudoprocesal» ya que no contó con defensa alguna— Brunequilda fue hallada culpable de los asesinatos de diez reyes: su esposo Sigeberto I, su segundo marido Meroveo, su segundo suegro Chilperico, su nieto Teodeberto II y su hijo Clotario, un incierto príncipe llamado a veces Meroveo y a veces Clotario, y finalmente a su otro nieto Teoderico II con sus tres hijos.

Lo cierto es que aquello fue una encerrona en toda regla, ya que todas esas acusaciones carecían de verosimilitud. Tan solo podríamos llegar a dudar de la autoría del asesinato de Chilperico que, como ya vimos, tanto beneficiaba a Brunequilda como a su enemiga Fredegunda. Las otras nueve muertes nada tenían que ver con la anciana reina. Pero poco importaba. La contundente condena ya estaba dictada de antemano.

Así pues, tras ser torturada en el potro de tormentos durante tres largos días —causándole desfiguraciones irreversibles—, fue humillada públicamente, paseándola desnuda sobre un camello delante de los soldados de Clotario II, quienes se mofaban y la insultaban. Aquello fue una auténtica deshumanización de la persona de Brunequilda. Si aquel había sido el efecto buscado por sus verdugos, sin duda, lo habían conseguido.

Finalmente, el 13 de octubre de 613, la reina Brunequilda —o lo que quedaba de ella— fue atada a la cola de uno o varios caballos salvajes que arrastraron y desmembraron su cuerpo. Sus restos fueron incinerados y depositados en un sarcófago en la abadía de Sant Martín en Autun, que ella misma había fundado en el 602. Actualmente reposan en el Museo Rolin, en la misma ciudad de Autun, al sur de Borgoña.

El suplicio de Brunequilda. Philippoteaux y Girardet.

La memoria de aquella mujer fuerte y poderosa, odiada y maltratada por las crónicas de su época, pero que, al fin y al cabo, gobernó con mano férrea en un mundo de hombres —manteniendo el concepto romano del Estado frente a la barbarización de Europa—, acabó diluyéndose en las brumas del tiempo. Hasta que doce siglos más tarde, el compositor alemán Richard Wagner la rescató del olvido…

A lo largo de veintiséis años, entre 1848 y 1874, Richard Wagner escribió y compuso su monumental tetralogía *El anillo del nibelungo*, un drama musical formado por cuatro óperas épicas: *El oro del Rin*, *La valquiria*, *Sigfrido* y *El ocaso de los dioses*. La historia narrada por Wagner se basaba libremente en figuras y elementos de la mitología germana, particularmente las sagas islandesas, así como en el *Cantar de los nibelungos* medieval, un poema épico del siglo XIII —el equivalente nórdico al *Cantar del mío Cid* español o al *Cantar de Roldán* francés— que reunía muchas de las leyendas existentes sobre los pueblos germánicos, mezcladas con hechos históricos y creencias mitológicas, y que recogía las leyendas alrededor del héroe Sigfrido.

Pues bien, el compositor alemán se inspiró ni más ni menos que en la reina Brunequilda para su valquiria Brunilda, la hija de Odín y esposa de Sigfrido —de hecho, en el *Cantar de los nibelungos* ya establecía dicha equivalencia—. En la gesta medieval, Brunilda aparecía como una valquiria que poseía la fuerza de doce hombres y que aspiraba a casarse solamente con el pretendiente que fuera capaz de vencerla en combate. Una mujer de armas tomar, vamos… como Brunequilda.

Wagner, por su parte, convierte libremente a su valquiria en la reina de Islandia, una mujer guerrera e indómita que, como en realidad no desea casarse, impone a sus numerosos pretendientes la condición de enfrentarse a ella en tres pruebas de fuerza. Eso sí, en caso de ser vencidos, serían cruelmente decapitados. Y claro, Odín, su padre, impone finalmente sus reglas condenando a Brunilda a permanecer dormida en la cima de una montaña, rodeada por un cerco de fuego que solamente podrá atravesar el guerrero más valiente. Y ese no será otro que nuestro héroe Sigfrido.

La muerte de la Brunilda wagneriana tendrá lugar en *El ocaso de los dioses*, la ópera final de la tetralogía, donde, cabalgando a lomos de su caballo Grane, la valquiria se precipitará dentro de la gran pira en la que se estaba consumiendo el cadáver de su amado Sigfrido. Esta inmolación provocará la muerte de los dioses y la destrucción del viejo orden, del mismo modo que la ejecución de Brunequilda sería el principio del fin de la dinastía merovingia y la victoria de la aristocracia de Austrasia y de Borgoña.

Veamos, pues, cómo continúa nuestra historia…

La Valquiria Brunequilda (1910). Ilustración de Arthur Rackham para el libreto de la ópera «La Valquiria» de Richard Wagner.

El triunfo de los mayordomos

El suplicio y la muerte de la reina Brunequilda bien podría considerarse un triunfo *post mortem* de su archienemiga Fredegunda, la reina de Neustria, a través de la mano ejecutora de su hijo Clotario II. Pero en realidad no fue así. Sin la política de pactos con la aristocracia terrateniente de Austrasia y Borgoña, que acabaría traicionando a su reina, jamás se habría llegado a aquella situación. Pero ¿por qué se produjo aquella traición?

Parece ser que los nobles terratenientes odiaban a Brunequilda porque la reina había querido organizar el Estado según un modelo de funcionamiento más centralizado, cobrando impuestos por hacer caminos, reparar fortalezas o renovar el ejército, mientras que ellos, en el fondo, lo que ansiaban era ser amos y señores independientes en sus respectivos señoríos. Nada más. De ahí que decidieran pactar con el rey de Neustria, reino que, como hemos visto, se encontraba enfrentado desde hacía muchos años con los reinos de Austrasia y Borgoña. Pero aquello no les importó. Sin duda, sus ambiciones eran más poderosas que la fidelidad a su reina. Sin embargo, aquella jugada habría de salirles muy cara. Poco podían imaginar entonces que aquella alianza con Clotario II, aquella traición a Brunequilda, sería tan solo el primer acto del fin de la monarquía merovingia.

Hasta ese momento, el llamado «mayordomo de palacio» (*maior domus*) había sido simplemente el representante del rey ante los nobles, estando totalmente sujeto a la autoridad del monarca, quien le nombraba y también podía destituirle. Sin embargo, a partir de 613 esa figura se convertiría en el representante de los nobles frente al rey, siendo dichos nobles quienes acabarían imponiendo al rey su elección. El cargo, pues, de «mayordomo de palacio» había cambiado sustancialmente su naturaleza. Y claro, aquello no hizo más que debilitar seriamente el poder del monarca.

Así, en el año 614, en el Concilio de París celebrado por Clotario II, la corona se vio obligada a autolimitar sus facultades en provecho de la nobleza y el alto clero. Además, en 617 el rey convirtió el cargo de mayordomo de palacio en vitalicio, permitiéndoles legislar en sus propios reinos como considerasen oportuno. Y tras la muerte de su hijo y sucesor, el rey Dagoberto I (639) —quien logró retrasar durante su mandato esa pérdida de privilegios de los monarcas merovingios—, los mayordomos de palacio acabaron por acumular todo el poder.

Dagoberto I rey de Austrasia, Neustria y Borgoña, de É. Signol (1804-1892).

De hecho, Dagoberto I sería el último rey merovingio en ejercer una autoridad real significativa. Aunque los merovingios siguieron reinando durante más de un siglo tras su fallecimiento, su autoridad sería eclipsada gradualmente por los mayordomos de palacio, que muy pronto se convertirían en los verdaderos poderes detrás del trono. Ese declive del poder merovingio llevó incluso al cronista Einhard —el biógrafo franco de Carlomagno— a referirse a los últimos gobernantes merovingios como *rois fainéants* o «reyes holgazanes», debido la incapacidad para el gobierno de aquellos monarcas. En definitiva, reinaban, pero no gobernaban.

Pero antes de que se precipitara el fin de la dinastía merovingia, un monarca logró mantener, aunque solo fuera por unos años, la autoridad de los reyes francos en todo su esplendor…

Efectivamente, Dagoberto I fue el último rey de la dinastía merovingia en ejercer algún poder real. Tras él vendría el caos.

Hijo mayor de Clotario II y Haldetrude —por lo tanto, nieto de Fredegunda—, Dagoberto sería nombrado en el año 623 rey de Austrasia, para acabar reunificando en su persona también los reinos de Neustria y Borgoña. Dagoberto I será, pues, el último merovingio en reinar, al menos por un tiempo, en un reino franco unido. Incluso hará de París su capital, debido a su posición geográfica en el centro del reino. Sin duda, ese sería el canto de cisne de los reyes merovingios, ya que, a partir de entonces, los sucesivos monarcas fueron incapaces de reinar porque el poder había caído en manos de facciones de aristócratas lideradas por los mayordomos de palacio.

Llegados a este punto, y antes de continuar con el ocaso merovingio, permítanme realizar un nuevo salto temporal, esta vez a finales del siglo XVIII, al inicio de la Revolución Francesa. Allí tuvo lugar uno de los episodios más macabros de la historia, y Dagoberto I sería uno de sus protagonistas…

La gran profanación

Uno de los actos más significativos que realizó Dagoberto I durante su reinado fue la fundación de la basílica de Saint-Denis. Y lo hizo en el lugar en donde se ubicaba un antiguo cementerio galo-romano, el supuesto lugar de enterramiento de Saint Denis, el primer obispo de París martirizado por los romanos hacia el año 270.

Predicador que vino de Roma para evangelizar la Galia, Dionisio acabaría siendo víctima de las persecuciones romanas contra los cristianos, y junto a sus fieles compañeros el sacerdote Rústico y el diácono Eleuterio, serían decapitados. Cuenta la leyenda que, tras la decapitación, Dionisio caminó seis kilómetros con la cabeza bajo el brazo hasta que se la entregó a una cristiana descendiente de la nobleza romana y se desplomó. En ese mismo lugar es donde santa Genoveva, la patrona de París, construiría un mausoleo dedicado a los tres mártires; y donde en el siglo IV, Dagoberto I, sensible a este lugar de peregrinación, levantaría una basílica en su honor.

De hecho, Dagoberto I sería el primer monarca inhumado en la basílica de Saint-Denis en 639, aunque no el primer merovingio. ¿Recuerdan que en unas excavaciones arqueológicas realizadas en la basílica en 1959 se hallaron los restos de la reina Arnegonda, la cuarta esposa del rey merovingio Clotario I? Ella tiene, pues, el honor de ser la primera soberana merovingia enterrada en Saint-Denis[46].

A partir de entonces, algunos reyes merovingios y carolingios eligieron descansar allí, pero su condición de necrópolis de los reyes de Francia solo se haría evidente con la llegada de los Capetos en el siglo X.

46 Es quizás en homenaje a esta herencia que la basílica de Saint-Denis se convertiría en la iglesia de la coronación de las reinas de Francia.

Así pues, allí yacen 43 reyes, 32 reinas, 60 príncipes y princesas y 10 grandes servidores de la monarquía, conformando, sin duda, uno de los complejos funerarios más grandes de Europa.

Pero en 1793 aquel sería el escenario de unos sucesos horripilantes que aún hoy en día perduran en la memoria colectiva de los franceses. Acompáñenme y horrorícense conmigo…

Tras la abolición de la monarquía francesa el 10 de agosto de 1792, la Convención Nacional ordenaría la completa erradicación de los símbolos feudales y la destrucción de las tumbas reales existentes en todo edificio de la República. Y claro, ningún lugar concentraba tantas insignias del Antiguo Régimen como la basílica de Saint-Denis, el panteón de la Corona gala. Los jacobinos radicales del Terror habían decidido perseguir a la monarquía hasta en sus orígenes, así es que en la sesión del 1 agosto de 1793 se decretó que «las tumbas y mausoleos de los antiguos reyes, situados en la iglesia de Saint-Denis, en templos y otros lugares, en toda la extensión de la República, serían destruidos el 10 de agosto»[47].

Pero además los evidentes motivos ideológicos, el objetivo de aquella republicanización de los edificios públicos —y, por supuesto, de la basílica de Saint-Denis—, también evidenciaba un móvil económico. Como en el interior de la basílica había ataúdes de plomo dentro de los sarcófagos de madera, mármol o piedra, así como algo de oro, plata y bronce en las placas y adornos, no se dudó en ningún momento en fundir todos aquellos elementos con el fin de engrosar las arcas de la República.

Así, aquellos primeros días de agosto de 1793 se procedió a destrucción de las tumbas de las dinastías más antiguas del panteón real. Allí se exhumaron los cuerpos de la realeza merovingia, carolingia y capeta —entre ellos, claro está, Dagoberto I—, y sus huesos fueron depositados en el suelo.

A mediados de octubre se procedió a la profanación del resto de las tumbas, principalmente de los ataúdes de los Borbones. Unos 170 monarcas y personajes ilustres inhumados siglo tras siglo en Saint-Denis fueron arrancados de sus tumbas. Tras fragmentar los monumentos funerarios de piedra y mármol, quedaban al descubierto los

---

47 Francine Demichel. *Saint-Denis ou le Jugement dernier des rois.* 1993. Éditions PSD.

cuerpos de sus inquilinos, a menudo en un lamentable estado de putrefacción, o bien reducidos a polvo. Ese fue el caso de Luis XIV, el Rey Sol, cuyos restos, según testigos, estaban negros como el betún por la gangrena; o de Luis XV, cuyo cadáver no había sido embalsamado debido a la viruela, por lo que hedor que desprendía era de lo más nauseabundo. Curiosamente, el cuerpo de Enrique IV, el primer monarca de Francia proveniente de la casa de Borbón se encontraba en tan buen estado de conservación que hasta se le pudo hacer una máscara mortuoria y se lo exhibió de pie durante dos días en el interior de la basílica[48].

Profanación de las tumbas de la basílica de Saint-Denis, por Hubert Robert.

48 Sorprendentemente, en 1849 Alejandro Dumas padre —ya saben, el autor de *Los tres mosqueteros* y *El conde de Montecristo*— publicó un conjunto de relatos cortos de terror bajo el nombre de *Los mil y un fantasmas*. En uno de aquellos relatos, titulado *Las tumbas de Saint-Denis*, Dumas narraba precisamente la exhumación de los cuerpos de la familia real francesa durante la Revolución, el día de la ejecución de María Antonieta. En un momento dado, uno de los obreros abofetea el cuerpo de Enrique IV, pero como este monarca era querido por el pueblo, la ira del rey cae contra el obrero en forma de maldición.

Dom Germain Poirier, un erudito benedictino que había sido nombrado comisario para asistir a la apertura de las tumbas, dejaría escrito en su informe que los obreros, acompañados por los «comisarios de exhumación», el «comisario de orfebres» —responsable de recuperar objetos elaborados con metales preciosos— y el «comisario de los plomos» —responsable de recuperar el plomo de los ataúdes para destinarlo a su fundición—, descendieron con linternas y antorchas a la bóveda de los Borbones, donde 54 ataúdes de madera de roble descansaban sobre caballetes de hierro. Tal era el hedor, nos cuenta el benedictino, que tuvieron que utilizar varias sustancias purificadoras del aire, tales como enebro y vinagre, con el fin de reducir los olores.

En cambio, la mayoría de los cuerpos habían sido sometidos a las más macabras mutilaciones. En aquella siniestra locura, algunos revolucionarios incluso llegaron a llevarse uñas, cabellos, dientes o huesos de los difuntos con el fin de guardarlos como trofeo o venderlos, ya que la fabricación de ungüentos medicinales a partir de los restos de momias humanas era una práctica común desde hacía tiempo. Se cuenta que un soldado habría cortado un poco de barba a Enrique IV como talismán para que lo ayudase a derrotar a los enemigos de Francia. Por su parte, un tal Brulay habría robado algunas de esas reliquias, y durante la Restauración, su viuda había intentado en vano vendérselas al rey Luis XVIII de Francia. Finalmente, aquellos objetos fueron vendidos en una subasta y acabaron formando parte de la colección del museo Tavet-Delacour de Pontoise. Entre aquellos restos se encontraban dos dientes y un trozo del cráneo de Luis IX, varios dientes de Enrique III, el cabello de Felipe II, la pierna momificada de Catalina de Médici y, por supuesto, la mandíbula de nuestro Dagoberto I[49]. Curiosamente, en 2019, el prestigioso Hôtel Drouot —el equivalente parisino de Christie's y Sotheby's—, ofreció en septiembre un mechón de barba atribuido a Enrique IV; y en octubre despachó un lote com-

49 Dagoberto I había sido exhumado de la basílica de Saint-Denis, junto a su tercera esposa Nantilde, el 19 de octubre de 1793. Se da la curiosa circunstancia de que entre aquellos huesos faltaba el cráneo de la mujer, el cual habría sido dejado en su sepultura original cuando el rey Luis IX trasladó sus restos.

puesto de una cabeza momificada, dos cráneos y diversos huesos humanos. Su comprador asegura que se trata de la cabeza del primer Borbón de Francia[50].

Una vez superados todos aquellos saqueos, los cuerpos reales —o lo que quedaba de ellos— eran arrojados a dos fosas comunes, denominadas Valois y Borbón, excavadas a lo largo de un patio adyacente a la basílica —el cementerio de los monjes—, y cubiertos con cal viva y tierra.

Enrique IV exhumado. Grabado de Langlois a partir de una pintura de François Gabriel Théodore Basset de Jolimont.

50 Cuando Luis XVIII quiso restaurar las tumbas de la basílica de Saint-Denis, se descubrió que a tres de los cadáveres les faltaba el cráneo, siendo uno de ellos el de Enrique IV. En 2008, la cabeza apareció en poder de un tal Jacques Bellanger, quien la había adquirido siete años después de que hubiese sido rechazada por el museo del Louvre ante la duda de su procedencia, a pesar de que Joseph Emile Bourdais, el anticuario dueño de la reliquia desde 1919, siempre había mantenido que el cráneo era de Enrique IV. Posteriores análisis de ADN efectuados sobre la cabeza y un estudio de reconstrucción facial han confirmado recientemente su autenticidad.

Ahora bien, el 19 de enero de 1817, durante el breve lapso de la Restauración borbónica en Francia (1814-1830), y tras una semana de búsqueda ordenada por el rey Luis XVIII, unos obreros guiados por el marmolista François-Joseph Scellier descubrieron las tumbas de sus antepasados en el cementerio de los monjes.

Pero, debido a que la cal viva que se había vertido sobre ellos los había deteriorado profundamente, y que algunos cuerpos, antes de ser sepultados, habían sido tratados mediante la llamada *mos Teutonicus* —técnica funeraria de excarnación del cadáver—, y sometidos a continuación a la *dilaceratio corporis* —división del cuerpo en corazón, intestinos y huesos—, sus restos no pudieron ser identificados[51]. Así pues, los huesos soberanos fueron finalmente depositados todos juntos en un osario en la cripta de la basílica, en una docena de cofres sellados con dos placas de mármol con los nombres de todos de miembros de las sucesivas dinastías reales.

Los reyes de Francia habían vuelto a casa.

51 Incluso hubo tres cuerpos cuyas cabezas no pudieron ser encontradas.

Los últimos holgazanes

Volvamos al siglo VII.

Debido la incapacidad para el gobierno de los llamados «reyes holgazanes», que reinaban, pero no gobernaban, los mayordomos de palacio fueron acumulando más poder en sus manos.

Uno de aquellos mayordomos, Pipino de Landen, tras ser destituido de su cargo por el rey en 629, acabaría encabezando una revuelta de los nobles de Austrasia, revuelta que Dagoberto I intentó apaciguar colocando a su hijo de tres años, Sigeberto III (632), en el trono. Pero aquello no funcionó. El poder de los monarcas merovingios tenía los días contados.

Así pues, durante el reinado de Sigeberto III es cuando la figura del mayordomo de palacio empieza a tener un papel más que importante en la vida política de Austrasia. El rey acabará dejando el gobierno en manos del mayordomo Grimoaldo —el hijo de Pipino de Landen—, quien había salvado la vida del monarca en el transcurso de una contienda con el duque de Turingia, convirtiéndose de ese modo en su amigo íntimo. Finalmente, el mayordomo convencerá a Sigeberto III para que, ante la ausencia de hijos del rey, adopte a su propio hijo, al que había bautizado como Childeberto —un nombre muy de rey merovingio, ¿no creen?—.

Pero el destino hizo que Sigeberto finalmente tuviera un heredero, Dagoberto II. Entonces, Grimoaldo —mirando, claro está, por sus propios intereses familiares— secuestró al niño, con tan solo cinco años, y ordenó que se le cortase el cabello —ya saben, el símbolo por excelencia de la realeza merovingia—. Algunas fuentes aseguran que fue escondido en un monasterio irlandés; otras, sin embargo, mantienen que el joven príncipe pasó un tiempo en Poitiers. Sea como fuere, lo cierto es que, desaparecido el legítimo heredero, Grimoaldo ya no tuvo ningún problema para, tras la muerte de Sigeberto III (651), colocar a su hijo en el trono de Austrasia.

Sin embardo, el reinado de Childeberto el Adoptado fue breve. La nobleza austrasia siempre lo consideró un usurpador y acabó rebelándose contra él. Finalmente, junto a su padre Grimoaldo, fueron atrapados y entregados al rey de Neustria y Borgoña, Clodoveo II, quien los hizo matar[52].

En cualquier caso, tras el asesinato de Childerico II en 675, en el bosque de Lognes, cerca de París, debido a una conjura organizada por los señores francos, Dagoberto II —que como hemos visto se encontraba estaba exiliado en Irlanda, o bien en Poitiers— regresaría a Austrasia para reconquistar su legítimo trono.

Un inciso: Dagoberto II jugará un papel central en el moderno mito del Priorato de Sión, creado por el inefable Pierre Plantard a mediados del siglo XX. En la segunda parte de este libro hablaremos ampliamente sobre ello. Tengan paciencia…

Pues bien, esa dinastía de mayordomos de palacio —el cargo ya había adquirido carácter hereditario— se llamó de los *pipínidas*, ya que su fundador había sido precisamente Pipino de Landen y porque varios de sus miembros llevaron también el nombre de Pipino. Uno de ellos, un tal Pipino de Heristal, el mayordomo de palacio de Austrasia —y nieto de aquel Pipino de Landen—, había firmado en 681 la paz con su homólogo neustrio, Waratton. Pero muy pronto habrían de volver las hostilidades.

Ahora, el reino franco se había vuelto a reunificar bajo el cetro de Teoderico III —el nieto de Dagoberto I—, rey de Neustria y de Borgoña, quien tras el asesinato del rey de Austrasia, Dagoberto II en el curso de una cacería en el bosque de Woëvre, en las proximidades de Stenay, el 23 de diciembre 679, a la edad de veintisiete años, heredaría la parte nororiental del reino.

52 Existen diferentes versiones de la muerte de Childeberto el Adoptado. Según algunas fuentes, tanto Clodoveo II como su mayordomo de palacio, Erquinoaldo, los habrían capturado y ejecutado en 657, pocos meses después; pero según otras, Ebroín, mayordomo de palacio de Clotario III de Neustria, habría anexionado Austrasia en su nombre en 661, deponiendo al joven usurpador y ejecutándolo al año siguiente.

Sin embargo, a las primeras de cambio, Pipino de Heristal levantaría su ejército contra Berthar, el mayordomo de palacio de Neustria y sucesor de Waratton, obteniendo una victoria decisiva en la batalla de Tertry (687). Como ven, ahora el escenario había cambiado sustancialmente, ya no eran los monarcas de Austrasia y Neustria quienes se enfrentaban entre sí, sino que ahora eran los mayordomos de palacio los que competían bélicamente por el poder.

Eso sí, a pesar de su contundente victoria, el poderoso Pipino de Heristal —quien también sería conocido como Pipino II— reconoció de nuevo como rey a Teoderico III en forma nominal, pero se erigió mayordomo de palacio de todo el reino franco, concentrando el poder efectivo en su propia persona.

Su sucesión, sin embargo, fue bastante complicada. Sus hijos Drogo y Grimoaldo, mayordomos de palacio de Borgoña y de Neustra, respectivamente, murieron antes que él, quedando sus nietos pequeños, Teodoaldo y Hugo, a cargo de su viuda Plectruda, quien acabaría actuando como regente del pequeño Teodobaldo. Pero entonces entró en escena otro hijo —aparentemente ilegítimo— de Pipino II.

Me estoy refiriendo a Carlos Martel[53]. Carlos era el hijo de Pipino de Heristal y de una concubina llamada Alpaida —muy probablemente, nunca fue considerado ilegítimo por sus contemporáneos, ya que nació cuando su madre Alpaida ya estaba casada con Pipino, y como recordarán, la poligamia era el pan de cada día en esa época—.

Sin embargo, en 714, a la muerte de su padre, Carlos, que ya tenía veintiocho años, pasó a ocupar la plaza de mayordomo de palacio de Austrasia. Pero como a ojos de Plectruda no era más que un bastardo, la viuda de Pipino II instigó para echarle del poder a fin de que lo ocupara su nieto Teodobaldo, que por entonces tan solo contaba con seis años y era el heredero legítimo. Así pues, para asegurar su reinado, Carlos Martel fue encarcelado en Colonia.

Pero en 715, la nobleza de Neustria y de Borgoña, encabezada por el mayordomo de palacio Ragenfrido, se acabaría rebelando contra ella, derrotándola en la batalla de Compiègne, el 26 de septiembre de 715,

53 Según el manuscrito medieval *Crónica de Saint Denis*, Carlos, era conocido como «el Martillo» (en francés antiguo, «Martel»), ya que, como se narra en la crónica, «como el martillo (martel) quiebra y machaca el hierro, el acero y los demás metales, así quebró él y machacó a sus enemigos».

y obligándola a refugiarse también en Colonia. Así, al año siguiente, por si aquello no había sido suficiente, Ragenfrido y Chilperico II, el rey de Neustria, dirigieron su ejército hasta Austrasia, volvieron a derrotar a Plectruda y liberaron a Carlos Martel. Plectruda, para salvar la vida de su nieto Teodoaldo, se vio obligada a ceder su herencia a favor del «Martillo».

Pues bien, aunque los neustrianos lo habían liberado de su cautiverio en Colonia, Carlos Martel era el mayordomo de palacio de Austrasia, por lo que no dudó en enfrentarse a Neustria, saliendo victorioso de dos batallas, la de Amblève (716) y la de Vichy (717). Poco a poco Carlos Martel irá recuperando el control de todo el reino franco, venciendo primero a Ragenfrido, y luego destronando a Chilperico II, y colocando en el trono de Austrasia a Clotario IV. Sin embargo, para acabar de reunificar el reino franco, Carlos aún deberá combatir una vez más con los neustrianos, sometiéndolos definitivamente en la batalla de Soissons (718).

Pero claro, Clotario IV no fue más que un títere de Martel —un verdadero rey holgazán, vamos—, y al año siguiente desparecería de escena, por lo que el mayordomo de palacio de Austrasia se verá obligado a reponer en el trono a Chilperico II. Ahora bien, parece ser que los monarcas duraban un suspiro, ya que cuando en 721 fallece Chilperico sin herederos, Carlos Martel —quien hacía y deshacía a placer— se vio obligado a buscar al hijo de Dagoberto III, Teodorico IV, quien, tras la muerte de su padre en el año 715, había sido recluido en el monasterio de Chelles.

Como era de esperar, durante el reinado de Teodorico IV, el reino franco estuvo controlado por Carlos Martel, aunque tras él los mayordomos de palacio dejarán de nombrar a más monarcas: quedaba abierta, pues, la veda para lo que estaba a punto de suceder.

Uno de los hitos más relevantes del «reinado» de Carlos Martel tendría lugar el año 732, cuando el mayordomo de palacio de Austrasia conseguiría detener el avance musulmán en la famosa batalla de Poitiers. Así, el 10 de octubre de aquel año, las fuerzas comandadas por el líder franco se enfrentaron al ejército musulmán de Al-Gafiqi. La victoria cristiana fue aplastante y Al-Gafiqi perdió la vida. Se había frenado la expansión musulmana hacia el norte desde la península ibérica, impedido la invasión de Europa Central y preservado el cristianismo como la fe dominante.

Batalla de Poitiers, por Charles de Steuben. Museo del castillo de Versalles.

En el ocaso de su mandato, de los dos hijos de Carlos Martel, Carlomán —quien heredó el cargo de mayordomo de palacio de Austrasia—y Pipino —a quien apodaban el Breve por su baja estatura y que se quedó con el de mayordomo de palacio de Neustria—, el primero acabó retirándose a un convento en 746, por lo que todo el poder quedaría en manos del segundo.

En definitiva, a partir de ese momento, Pipino el Breve se convertiría en el único gobernante de los francos, aunque oficialmente el rey era su holgazán de turno, Childerico III. Cuenta la leyenda que Pipino envió al papa Zacarías un mensaje con la siguiente pregunta: ¿Quién es rey, quien *posee el título, pero no ejerce el poder; o quien ejerce el poder, pero no posee el título?* Y el pontífice le contestó: *Rey es aquel que manda.*

El mayordomo no se lo pensó dos veces. Pocos días más tarde, Pipino el Breve sería coronado como rey absoluto de los francos por Bonifacio, el obispo de Soissons (751). Y claro, Childerico III, el último holgazán, tras ser depuesto, fue tonsurado —perdiendo sus largos cabellos y, por ende, su poder, aunque hacía mucho tiempo que estos monarcas ya no lo tenían— y finalmente confinado en el monasterio de San Bertin, cerca de Saint-Omer, hasta su muerte (754).

De hecho, Pipino el Breve inauguraría la dinastía carolingia, llamada así por su auténtico fundador, Carlos Martel; y, además, porque más tarde iba a contar entre sus hijos nada más y nada menos que con Carlos el Grande, es decir, Carlomagno, quien extendería los territorios francos, convirtiéndose en el primer emperador en occidente desde la caída de Roma. Pero eso ya sería otra historia...

Un breve apunte antes de continuar: si han conseguido sobrevivir a este galimatías de reyes y reinas fratricidas, monarcas taumaturgos y holgazanes, disputas de mayordomos ávidos de poder, luchas y conflictos entre austrasianos y neustrianos, sangre, muerte y crueldad, sin que su cordura se haya visto aparentemente afectada, están ustedes listos para seguir adelante.

Pero les advierto una cosa: lo que les espera a continuación les llevará por senderos resbaladizos y controvertidos que, sin duda, no van a dejarles indiferentes. Porque sepan que, en pleno siglo XX, y tras haber caído en el más oscuro de los olvidos, los reyes merovingios, cual ave Fénix, volvieron a resurgir de sus propias cenizas...

SEGUNDA PARTE
El Círculo de Lis

Un libro trampa

Para comprender mejor este resurgir merovingio, permítanme que regrese una vez más a Rennes-le-Château...

Quienes me conocen ya saben que ese pueblecito de marras siempre ha sido mi debilidad. No voy a ahondar ahora en cómo ni cuándo entré en contacto con él por primera vez, ni es mi intención adentrarme en el misterio de Rennes-le-Château —ya lo esbocé a grandes rasgos en la introducción de la presente obra, y quien quiera saber más que no dude en acudir a mis obras sobre el tema—, pero sí me centraré en el que se considera el libro fundacional del «mito», *El oro de Rennes o La vida insólita de Bérenger Saunière*, publicado en 1967 por Gérard de Sède —aunque detrás estaba la sombra siempre alargada Pierre Plantard—, sin duda, obra clave en este *affaire*, que gira en torno a aquellos presuntos pergaminos codificados hallados por Bérenger Saunière, que permitían la conexión con los merovingios, la dinastía franca que, según se mantenía en sus páginas, había sobrevivido en secreto, tras la muerte de Dagoberto II en Rennes-le-Château, en la figura de su hijo Sigeberto IV, iniciándose con él un linaje que habría de llegar hasta la actualidad bajo el amparo del Priorato de Sión.

¿Cómo? Dagoberto II había sido asesinado en el curso de una cacería en el bosque de Woëvre, en las proximidades de Stenay, el 23 de diciembre 679, a la edad de veintisiete años, ¿recuerdan? Quizá la mano de Ebroino, el mayordomo de palacio de Naustria se encontraba detrás del magnicidio —o tal vez tuvo algo que ver el mayordomo de Austrasia, Pipino de Heristal, no lo sabemos—. Pero ¿su hijo Sigeberto IV había sobrevivido a aquella matanza? Aquello no aparecía en ninguna crónica... No se preocupen, hablaremos de todo ello más adelante.

Pero ahora, centrémonos en cómo se gestó *El oro de Rennes* y qué misterios se esconden en su interior.

Ya desde sus mismos créditos, Gérard de Sède, periodista, escritor y miembro de la Resistencia francesa, nos está advirtiendo que dicho libro ha sido escrito «con la colaboración de Sophie de Sède» —Sophie era la esposa de Gérard de Sède, quien en 1962 ya había publicado un libro titulado *La Sainte-Chapelle et la politique de la fin des temps*, y años más tarde volvería a colaborar con su marido en *L'occultisme dans la politique: De Pythagore à nos jours (1994)—*. Sin embargo, no mencionaba para nada a Pierre Plantard. Veamos por qué…

En 1956, Geràrd de Sède había conocido a Roger Lhomoy, un granjero de cerdos que había trabajado como guía turístico en el castillo de Gisors, en Normandía, y que afirmaba haber hallado en su interior un colosal tesoro en el año 1946. Según Lhomoy, había encontrado la entrada a un sótano —de treinta metros de largo, nueve metros de ancho, y de unos cuatro metros y medio de alto, aproximadamente— bajo la torre principal. Allí, el granjero afirmaba haber visto un total de diecinueve sarcófagos de piedra —de dos metros de largo y sesenta centímetros de ancho cada uno— que contenían un gigantesco tesoro. Pero, como era de esperar, nadie lo creyó.

Sin embargo, aquella increíble historia inspiró a Gérard de Sede para escribir un artículo sobre Gisors en el semanario *Ici Paris*, en julio de 1960. Y ese fue precisamente el inicio de la sociedad De Sède-Plantard. Con toda probabilidad, cuando Pierre Plantard leyó aquel artículo sobre el castillo de Gisors se pondría inmediatamente en contacto con Gérard de Sède, comunicándole que el tesoro que había encontrado el jardinero era en realidad el famoso tesoro de los templarios, aportándole las pruebas de aquella sorprendente revelación. Fruto de todo aquello nacería una estrecha colaboración entre ambos, que daría lugar, en 1962, a la publicación *Los Templarios están entre nosotros o El enigma de Gisors.*

Sin embargo, aquella historia del tesoro perdido de los templarios hallado por un jardinero debajo del castillo de Gisors era demasiado fantasiosa y no acabó cuajando. Pero Plantard tenía otra bala en la recámara.

A mediados de 1960, Pierre Plantard, tras conocer a De Sède —y después de haber leído unos artículos que habían aparecido en 1956 en *La Dépèche du Midi*, en donde se narraba la fantástica historia del tesoro hallado por Bérenger Saunière en Rennes-le-Château—, se interesó por aquel asunto y se puso a investigar sobre el terreno.

Aquella historia era mucho más fascinante que la del jardinero de Gisors, y, sobre todo, tenía muchos más hilos de los que tirar. Dicho y hecho. Así, en 1967, y en estrecha colaboración con su nuevo socio, Gèrard de Sède, saldría a la luz *El oro de Rennes*. Aquel sería el primer libro que se centraba de manera exclusiva en la increíble historia de Rennes-le-Château y su tesoro, aportando la versión del mito que todos los amantes del misterio ya conocen, añadiendo algunos detalles *made in* Plantard, como la ya mencionada conexión merovingia. Ya saben.

Le Trésor Maudit de Rennes-le-Chateau, 1968.

De hecho, originalmente este era un manuscrito escrito por Pierre Plantard que no había podido encontrar editor para su publicación, y que acabaría siendo reescrito por Gérard de Sède. Pero muy pronto habrían de llegar las desavenencias contractuales y la relación de aquellos dos personajes quedó definitivamente zanjada por un problema de derechos de autor. Al año siguiente, el libro —ya en manos de De Sède— volvería a ser publicado en su edición de bolsillo bajo el título de *Le Tresor Maudit de Rennes-le-Château*, y luego otra vez en 1977 con el título de *Signe: Rose + Croix*. Cabe señalar que en todas aquellas ediciones existían pequeños retoques y modificaciones —añadidos por De Sède— que acabarían perfilando el *affaire*.

¿Pero qué había sucedido realmente entre Pierre Plantard y Gérard de Sède? En 1979, Plantard depositó en la Biblioteca Nacional de Francia un texto bajo el título *L'or de Rennes: mise au point*, en donde se ofrecían algunas aclaraciones al respecto —en realidad se trataba de la respuesta a un artículo del periodista Pierre Pons que había aparecido el 4 de febrero de 1979 en el periódico *La Dépêche du Midi*—. Allí Plantard afirmaba que Gerard de Sède no había sido más que un nombre usado para la publicación de *El oro de Rennes*. Y añadía que el nuevo libro de De Sède —recuerden, en 1977 acababa de aparecer *Signe: Rose + Croix*— no era más que la reedición de *El oro de Rennes* que él había escrito; y presentaba como prueba irrefutable unas copias de su contrato con Ediciones Julliard —firmado el 13 de enero 1967— en donde se especificaba que bajo ningún concepto ni bajo ninguna forma el nombre de Pierre Plantard se vería vinculado a la publicación del libro. Así, en aquel contrato se especificaba también que un 35 % de beneficio de la obra sería para Gérard de Sède y un 65 % para Plantard. Curiosamente, jamás hubo una réplica por parte de De Sède a aquellas acusaciones. ¿Confirmaban el silencio de Gérard de Sède las palabras de Pierre Plantard?

Vean unos extractos de ese *mise au point* de Plantard y juzguen ustedes mismos:

> (…) El 17 de julio de 1965, una vez finalizado el manuscrito de El oro de Rennes, tras mi acuerdo anterior con Ediciones Julliard, informé al Sr. Pierre Javet, director de la editorial. Fue la señorita Janine Musy quien me dio la respuesta. Nuestra reunión tuvo lugar el lunes 26 de julio de 1965 y tras su lectura se decidió su publicación.
>
> No queriendo que «mi nombre» apareciera como «autor» de esta obra, me puse en contacto con Gérard de Sède en diciembre de 1965. Él ignoraba por completo la existencia de Rennes-le-Château, pero era mi coautor del libro «Los templarios están entre nosotros» y tenía para él la sincera amistad del maestro hacia su mejor compañero. Por escritura de 31 de enero de 1966 registrada nº H 27276, Gérard de Sède, a cambio del 35 % de mis derechos de autor, transfirió SU NOMBRE a «El oro de Rennes». El contrato debía ser firmado por el editor el 1 de marzo de 1966…
>
> En el momento de firmar, Gérard de Sède declaró que estaba enfermo y posteriormente me llamó por teléfono para pedirme el 50 % de los derechos de autor para poder dar su nombre. Posteriormente

reclamó una petición de información al Sr. Debant, director de los Archivos del Aude, y la espera de una respuesta del coronel Arnaud, a quien había pedido detalles sobre la codificación de la lápida de la marquesa de Blanchefort. Esta negociación duró hasta diciembre de 1966...

Ante estos hechos, el Sr. Christian Bourgois, director general de Ediciones Julliard y yo, pensamos en publicar «El oro de Rennes» bajo el nombre de Philippe de Chérisey[54]. Fue entonces cuando Gérard de Sède decidió firmar el contrato original, el 13 de enero de 1967. Se acordó entonces que él corregiría las pruebas de imprenta (...)

Cuando recibí los volúmenes enviados por las Ediciones Julliard el 10 de noviembre de 1967, quedé asombrado al leer en las páginas 132 a 137 un comentario donde se mencionaba al Sr. Debant y al coronel Arnaud, y adornado con la reproducción de «falsos pergaminos», así como el retoque de algunas de mis fotos. La investigación reveló que Gérard de Sède había aprovechado su trabajo corrigiendo las pruebas para introducir en la obra elementos de su pura fantasía. El libro ya estaba en las tiendas, no podíamos hacer nada más.

En marzo de 1977, Ediciones Julliard nos informó por separado a Gérard de Sède y a mí de que retiraban del circuito comercial «El oro de Rennes», que tenía diez años de antigüedad. Gérard de Sède, presentándose como autor ante Ediciones Plon, abusando de su confianza, solicitó la reedición de El oro de Rennes bajo el título Signe: Rose + Croix. Así fue como el 20 de junio de 1977 en una librería descubrí el plagio (...)

¿Falsos pergaminos? ¿Fotos retocadas? Lo cierto es que, en aquel texto, Pierre Plantard también hacía una sorprendente revelación: según él, su tío habría comprado a una tal señora James en 1955 los tres pergaminos descubiertos por Bérenger Saunière, y estos documentos se encontraban desde hacía 24 años en la caja fuerte de un banco inglés. De hecho, Plantard siempre mantuvo que los pergaminos publicados por De Sède no eran más que versiones adulteradas por Philippe de Chérisey. No es el objetivo del presente trabajo analizar la veracidad o no de los presuntos pergaminos hallados

54 Philippe de Chérisey había sido un colaborador de Plantrad en esta trama, quien en 1978 acabaría reconociendo que él había sido el autor de aquellos controvertidos pergaminos, y que los había hecho originalmente para su amigo Francis Blanche, como material para una serie de radio francesa, titulada *Signé Furax*.

por Saunière, pero si desean profundizar sobre el tema no duden en adentrarse en las páginas del excelente trabajo de Alex Loro y Xavi Bonet, *El caballo del diablo. Jaque mate a los pergaminos de Rennes-le-Château* (2013). Se sorprenderán.

Pero sí hablaremos de las supuestas «fotos retocadas». Según Plantard, había sido Gérard de Sède quien, durante el proceso de corrección de *El oro de Rennes*, había modificado algunas imágenes. ¿Era aquello cierto? Síganme y comprobarán que, al menos en una fotografía en particular, Pierre Plantard no tenía razón…

En abril de 1993 hice mi primer viaje a Rennes-le-Château. Ya ha llovido mucho desde entonces, pero las emociones de aquel primer encuentro con los dominios de Saunière, sin duda, han quedado grabadas a fuego en mi memoria. Cámara en mano —la de carretes de toda la vida; la digital aún tardaría unos años en llegar al gran público—, recuerdo que recorrí con avidez todos y cada uno de los rincones del pueblo, escrutando cada edificio, cada estatua, cada grabado, cada inscripción, buscando alguna pista que me condujera al «secreto» de aquel misterioso sacerdote. Y, por supuesto, hice fotos, muchas fotos. Pero no tantas como las que hacemos hoy en día con nuestro *smartphone,* que borramos y volvemos a hacer una y otra vez hasta estar satisfechos del resultado. Antes cada instantánea era una verdadera aventura, y cada vez que salíamos de la tienda de revelado y abríamos el sobre con las fotografías que habíamos hecho en nuestro último viaje, la decepción era inevitable, ¿recuerdan?

Una de aquellas fotografías era la del tímpano de la iglesia de Santa María Magdalena: un extraño triángulo equilátero bajo un peculiar y llamativo porche amarillo flanqueado por dos palomas. Una imagen —con las célebres *Terribilis est locus iste* e *In hoc signo vinces* grabadas en la piedra— que había contemplado infinidad de veces, y que ahora tenía ante mis ojos. Sorprendentemente, la fotografía había salido bien encuadrada… y nítida.

Pero lo que más me llamó la atención al contemplar aquella instantánea fueron los tres blasones que presidían todo el conjunto. El primero, empezando por la izquierda, era el escudo de armas del obispo Billard —el obispo de Carcassonne en época de Bérenger Saunière— con el lema «In verbo tuo laxabo rete» («con tu palabra, lanzaré la red»); en el centro, en la clave de bóveda de la puerta, se encontraba el de Gioacchino Pecci, que a partir de 1878 pasaría a la historia como el papa León XIII, cuyo lema era «Lumen in coelo» («Luz en el cielo»); y, finalmente, a la derecha, muy desgastado por el paso del tiempo y la erosión de la piedra, estaba el escudo del obispo Leuillieux —el predecesor de Billard en la diócesis de Carcassonne y quien había ordenado sacerdote a Saunière— con su lema «In fide et lenitate» («con fe y mansedumbre»).

Bien, no parecía haber nada extraño en todo aquello. El papa del momento flanqueado por los dos obispos más relevantes en la vida sacerdotal de Bérenger Saunière. Eso era todo.

Sin embargo, allí había algo que no dejaba de intrigarme. Era el blasón de monseñor Leuillieux y su lamentable estado de conservación. De hecho, por mucho que me esforzara, no podía distinguir nada de lo que debería haber esculpido en el interior de aquel óvalo, es decir, la figura de la Fe, con el rostro medio velado y un halo en su cabeza, acosada por dos corderos, y levantando en la mano derecha un cáliz coronado por una sagrada forma, y sosteniendo en la mano izquierda una cruz del Calvario. Pero allí no había nada de eso. La piedra estaba demasiado deteriorada. Sin duda, aquel escudo de armas había sido afectado por el llamado «Mal de la Piedra», una enfermedad pétrea degenerativa que provocaba la descomposición superficial de la piedra en forma de exfoliaciones, arenilla y el desprendimiento de las capas externas, debido principalmente a la polución, es decir, a todas aquellas sustancias que gravitan en la atmósfera, producto de la combustión, y que acaban produciendo bióxido de azufre, letal para la piedra.

Ahora bien, poco podía imaginar en aquel momento que ese escudo inexistente se acabaría convirtiendo muy pronto en la piedra angular de una apasionante investigación.

Recuerdo que tras mi regreso de aquel primer viaje a Rennes-le-Château, la Providencia conspiró para que aquel mismo fin de semana cayera en mis manos un ejemplar de *El oro de Rennes*. Se trataba de la primera edición que había aparecido en castellano, en enero de 1970, en aquella mítica colección *Otros Mundos*, de Plaza & Janés Editores. Y lo había hallado hurgando en mi expedición semanal a mi particular «cueva de los libros olvidados», es decir, a los puestos de libros de segunda mano del antiguo *Mercat de Sant Antoni* de Barcelona —de allí salieron en aquella época infinidad de tesoros literarios que aún conservo con mucho cariño—.

No podía esperar a llegar a casa, así es que durante el trayecto en autobús me dediqué a hojear aquel ansiado ejemplar, deslizando entre mis dedos, con suma delicadeza, sus amarillentas páginas. Aquel era el origen de todo, no había duda. El libro contenía diversos cuadernillos de hojas satinadas en donde se distribuían algunas de las fotografías —en blanco y negro, por supuesto— más emblemáticas de Rennes-le-Château. Allí estaban las imágenes del propio Bérenger Saunière, de Marie Denarnaud, de la Torre Magdala, de la Villa Betania, del castillo de los Hautpoul, del pilar visigótico donde fueron hallados los pergaminos, de la «Losa de los Caballeros»... pero al llegar al cuadernillo de la página 112, mi corazón dio un vuelco.

Ante mis ojos se encontraba una fotografía del tímpano de la iglesia de Santa María Magdalena —casi idéntica a la que yo mismo había tomado esa misma semana en Rennes-le-Château—. Pero, sorprendentemente, la imagen no estaba centrada del todo. El autor de esta había querido resaltar la célebre frase «Terribilis est locus iste», por lo que el escudo de monseñor Billard ni siquiera podía apreciarse. Sin embargo, el blasón del obispo Leuillieux... ¿Dónde estaba el blasón del obispo Leuillieux?

La figura que aparecía en su lugar no era la que debería estar allí. Aquella misma semana había perdido la noción del tiempo postrado ante el pórtico de la iglesia, y precisamente me había fijado en cada uno de los detalles del erosionado escudo de monseñor Leuillieux. Y les puedo asegurar que en el blasón del obispo que aparecía en el cuadernillo de *El oro de Rennes,* no había ni rastro de erosión alguna, ni tan siquiera la más mínima traza de ninguna figura con el halo de santidad en su cabeza, con un cáliz en una mano, y una cruz en la otra.

Aquello era «otra cosa».

Efectivamente, en aquella fotografía en blanco y negro se había sustituido el maltrecho escudo del obispo Leuillieux por otra imagen que me resultaba muy familiar: una flor de lis en el interior de un círculo.

¿Una flor de lis? ¿En el interior de un círculo? ¿Quién había perpetrado semejante retoque fotográfico? ¿Gérard de Sède durante el proceso de corrección, tal y como afirmaba Pierre Plantard? ¿O había sido el mismo Plantard, con el objetivo de estampar su firma en un libro que, en realidad, había escrito él?

El Círculo de Lis ocupando el lugar del escudo del obispo Leuillieux, en la foto trucada de *El oro de Rennes.*

En el siglo XI, el rey Luis VII—de la dinastía capeta— sería el primer soberano francés en incorporar a su escudo un campo de flores de lis en un fondo azul. A partir desde ese momento, pues, la flor de lis pasaría a considerarse el emblema por excelencia de los reyes de Francia. Así, en el siglo XIV, ese símbolo pasó a formar parte del escudo de la dinastía Valois, esta vez como tres flores de lis de oro en un fondo azul; a partir de ese mismo siglo, la flor de lis aparecería también como emblema de la casa de Lancaster —la dinastía real inglesa—, con el fin de enfatizar su reivindicación al trono francés; y en el siglo XVI, se introduciría en el escudo de la dinastía Borbón, como un campo de flores de lis de oro en un fondo blanco. En fin, que la flor de lis pasaría a formar parte del emblema de numerosas familias nobiliarias de la época.

Pero también existía una estrecha relación entre la flor de lis y los merovingios —y esa conexión se me antojaba de lo más intrigante teniendo en cuenta el libro en dónde había aparecido ese símbolo de manera furtiva—. Verán…

Resulta que existían numerosas leyendas que vinculaban la flor de lis con los reyes merovingios. Una de ellas era la de la Sagrada Ampolla, una especie de vaso en donde estaba encerrado el óleo santo que era utilizado para consagrar a los reyes de Francia. Según los relatos de Hincmaro y de Guillermo el Bretón, el día del bautismo y coronación del rey merovingio Clodoveo I en la Catedral de Reims —ya saben, el que reunificó a todos los francos y se convirtió al cristianismo— dicha Sagrada Ampolla, con el óleo para ungir y santificar al rey en su interior, había llegado desde el cielo, transportada por una paloma, hasta las manos del obispo San Remigio, junto con un ramillete de lirios —de flores de lis—. Aquello, sin duda, significaba que su autoridad era de origen divino[55].

Por otro lado, ¿recuerdan las 300 abejas con alas de cristal rojo que se habían hallado en la tumba de Childerico I? ¿Aquellas que el mismísimo Napoleón Bonaparte acabaría adoptando como el símbolo más antiguo de los líderes franceses, y que insertó en su propio manto de coronación? Pues, bien, parece ser que, según algunas teorías, la flor de lis no sería más que una versión evolucionada de la forma de la abeja[56].

Así pues, la presencia de aquella flor de lis en *El oro de Rennes*, un libro que mantenía que la dinastía merovingia había sobrevivido en secreto hasta nuestros días bajo la custodia del Priorato de Sión, era, sin duda, toda una declaración de intenciones.

Como lo era también el hecho de que el autor del texto hubiera añadido en la página 171 la siguiente referencia:

> «Este ambiente se manifiesta de nuevo, más claramente todavía, en el tímpano de la iglesia, en el que las rosas alternan con cruces,

55 Aquel recipiente sagrado acabaría conservándose cuidadosamente en Reims en un relicario de oro cerrado en cristal. Se decía que el aceite que contenía era inagotable, pero cuando la salud del rey se resentía, el óleo santo parecía disminuir. Luis XI la trasladó al Château de Plessis-lez-Tours, su residencia favorita cerca de Tours, con la esperanza de prolongar su vida. Y finalmente, durante la Revolución Francesa, Philippe Rühl la acabaría rompiendo en la plaza pública.

56 A partir del Renacimiento, la flor de lis, simbolizada por una abeja, se asocia con aquellos que alcanzan una gran iluminación, motivo por el cual se considera también símbolo de la Masonería. Y es a través de un masón reconocido como Robert Baden-Powell, el fundador del Movimiento Scout, como la flor de lis ha llegado a ser el emblema de los Scouts.

> jeroglífico al alcance del primero que llega: "Rosacruz". Debajo y a la derecha vemos una piedra tomada del antiguo edificio adornada con una flor de lis dentro de un círculo. Este motivo, complacientemente repetido en el interior, demuestra que bastante antes de Saunière los constructores o bienhechores de este santuario hicieron explícitamente alusión al crómlech de Rennes-les-Bains, ya que un crónlech es un círculo de piedras que rodean una piedra central. Y en la toponimia de la región la palabra «lys» (del latín lesia) designa un menhir. Pero demuestra también que los mismos no ignoraban la sextilla de Nostradamus sobre "el redondel y el lis"».

De nuevo, «una flor de lis dentro de un círculo». Pero ¿qué era eso de que «los constructores o bienhechores de este santuario hicieron explícitamente alusión al crómlech de Rennes-les-Bains»? Quienes estén puestos en el tema sabrán que el autor se está refiriendo al desconcertante libro que *l'abbé* Boudet, el párroco de Rennes-les-Bains, había publicado en 1886: *La vraie langue celtique et le Cromleck de Rennes-les-Bains* («La verdadera lengua céltica y el crómlech de Rennes-les-Bains»). Aparentemente, aquél era un tratado de lingüística —un poco delirante, cierto, ya que en sus páginas Boudet llegaba a afirmar que la lengua madre de la humanidad era la de los celtas, que se había mantenido intacta hasta nuestros días en el inglés y la lengua de Oc, y de la cual derivaban todas los demás, incluidas el hebreo, el vasco o el bereber—, pero allí se escondía algo más.

El libro de Boudet también incluía un mapa geográfico de la región titulado «Rennes celtique» —cuyo autor era Edmond Boudet, el hermano del sacerdote de Rennes-les-Bains—, en donde podían apreciarse toda una serie de anomalías o errores intencionados con el fin de marcar ciertos lugares. Pero lo cierto es que ni en Rennes-les-Bains, ni en sus alrededores, no había ningún crómlech documentado, es decir, no existía nada que se pareciera a un monumento megalítico formado por una serie de menhires que cercan un espacio de terreno circular. Y Boudet era plenamente consciente de ello.

Entonces, ¿a qué se debía el título de su libro? No lo sabemos, aunque bien podríamos intuir que lo que había hecho Boudet en realidad había sido interpretar el conjunto de piedras naturales que circundaban la población como un imaginario crómlech en cuyo centro se encontraba Rennes-les-Bains. Parece razonable.

Así pues, el autor de *El oro de Rennes* había establecido una clara relación entre la flor de lis en el interior de un círculo —que según él se encontraba representada en el tímpano de la iglesia de Rennes-le-Château— y el imaginario crómlech de Rennes-les-Bains que *l'abbé* Boudet inmortalizó en su libro. Por lo tanto, la flor de lis representaría el menhir central.

Pero ¿qué nos quería decir el autor de *El oro de Rennes* con aquel galimatías? Pronto lo descubrirán…

Panfletos secretos

De acuerdo, demos credibilidad a Pierre Plantard en aquel *mise au point* de 1979 y aceptemos que él fue el autor de *El oro de Rennes* y que finalizó su escritura en julio de 1965... Pero ¿cómo se gestó aquella idea? ¿cuál fue el origen del libro fundacional del misterio de Rennes-le-Château?

Todo había comenzado en enero de 1964, cuando Pierre Plantard depositaría en la Biblioteca Nacional de París un folleto mecanografiado que llevaba por título: *Généalogie des rois mérovingiens et origine des diverses familles françaises et étrangères de souche mérovingienne, d'après l'abbé Pichon, le docteur Hervé, et les parchemins de l'abbé Saunière de Rennes-le-Château (Aude),* de Henri Lobineau. En aquel legajo de 45 páginas, supuestamente editado en Ginebra en 1956 —aunque, sin duda, esa es una fecha simbólica, ya que precisamente en 1956 es cuando Plantard funda su Priorato de Sión—, y compuesto por una serie de grenealogías, lo que se pretende demostrar es que, en realidad, la dinastía de los reyes merovingios no había terminado con Dagoberto II, sino que había continuado en secreto gracias a que su hijo Sigeberto IV había sobrevivido, dando lugar así a una estirpe que se habría mezclado con distintas familias nobles de Francia. ¿Les suena esta historia? Claro, se trata del esqueleto argumental que veremos años después en *El oro de Rennes.*

Pero lo realmente curioso de la propuesta del tal Lobineau es que, en lugar de plantear su historia con el último rey merovingio histórico, ya saben, Childerico III, el último holgazán, lo que se nos está planteando aquí es que el último rey merovingio legítimo fue Dagoberto II. Como ya contamos en su momento, Dagoberto II había sido asesinado en el curso de una cacería en el bosque de Woëvre, en las proximidades de Stenay, el 23 de diciembre 679, a la edad de veintisiete años, víctima de una intriga palaciega, y lo mismo le sucedió a su hijo Sigeberto —aunque, históricamente hablando, ni siquiera está clara su existencia—.

Sin embargo, lo que nos dice aquí Lobineau es que, en realidad, Sigeberto habría conseguido escapar a la muerte gracias a la familia de su madre, Gisèle, quien en en año 681 lo pondrían a salvo en Rhedae —es decir, en Rennes-le-Château—. Pero ¿por qué en Rhedae? Pues porque Gisèle, la segunda esposa de Dagoberto II era originaria de allí, ya que era la hija de Bera II, el conde del Razès. Como se pueden imaginar, nos estamos moviendo por terreno resbaladizo, ya que no existe constancia histórica alguna de este último punto.

Pero sigamos. Una vez asegurada la supervivencia de Sigeberto IV, este sucedería a su abuelo Bera II como conde del Razès, iniciándose así una nueva estirpe que procedía directamente de los reyes merovingios, los Plant-Ards o Retoño Ardiente, como sería llamado el joven monarca. Y ese sería precisamente el título que reclamaba el propio Pierre Plantard —y que, en definitiva, justificaría este folleto depositado en la Biblioteca Nacional de París en 1964—, el de Retoño Ardiente. Y como ven —casualidad o no— su propio apellido significa eso: *Plant* «retoño» y *ard* «ardiente».

Pero aún había algo más: el texto decodificado de uno de aquellos dos pergaminos presuntamente hallados por Saunière rezaba «Este tesoro pertenece al rey Dagoberto II y a Sión y él se encuentra allí muerto».

El primer eslabón de la cadena estaba colocado. Vayamos a por el segundo…

En agosto de 1965, Pierre Plantard vuelve a las andadas y deposita de nuevo en la Biblioteca Nacional de París otro panfleto, esta vez titulado *Les descendants mérovingiens ou l'énigme du Razès wisigoth*, de una tal Madeleine Blancasall. Se trata de un legajo de 19 páginas, presuntamente traducido del alemán por Walter Celse-Nazaire, y editado en Ginebra por la Asociación Suiza Alpina, en donde se insiste en la misma trama. Pero esta vez se ahondaba más en la conexión Rennes-le-Château, proponiendo que los Hautpoul, los señores de Rennes estaban al tanto de aquella supervivencia merovingia, y que había sido Marie de Negre, la viuda de François d'Hautpoul, quien habría revelado ese secreto a Antoine Bigou, el párroco del pueblo. De hecho, aquí aparecerán toda una serie de elementos —las dos lápidas de Marie de Negre, la marquesa de Blanchefort, y su conexión con los pergaminos; *l'abbé* Boudet de Rennes-les-Bains y su extraño libro; el viaje a París de Saunière y su encuentro con Émile Hoffet; la extraña decoración de la iglesia de Rennes-le-Château como forma de ocultar las pistas dejadas por Bigou; y, sobre todo, la existencia de un gran tesoro escondido por la zona— que, dos años después, conformarán el esqueleto argumental de *El oro de Rennes* de Pierre Plantard.

A partir de este momento, los panfletos depositados por Pierre Plantard en la Biblioteca Nacional de París se irán sucediendo —*Un trésor mérovingien à Rennes-le-Château* (mayo de 1966); *Pierres Gravées du Languedoc* (junio de 1966); *L'affaire de Rennes-le-Château: réponse a M. Lionel Burrus* (noviembre de 1966); *Le Serpent rouge* (marzo de 1967)— urdiendo un mito en constante evolución.

Dossiers secrets d'Henri Lobineau.

El último legajo en llegar a la Biblioteca parisina, en abril de 1967, sería el más relevante y trascendental de todos los depositados por Plantard hasta ese momento. Se trataba de un escrito de 25 páginas, bajo el título de *Dossiers secrets d'Henri Lobineau* —a partir de entonces todos aquellos panfletos serían conocidos como *Dossiers Secrets*—, en donde se seguía tejiendo aquella enrevesada trama. Genealogías merovingias, mapas, recortes de prensa, el escudo de armas de la familia Plantard, y, sobre todo, la famosa lista de los grandes maestres del Priorato de Sión —con nombres tan destacados como Nicolas Flamel, Leonardo da Vinci, Isaac Newton, Victor Hugo o Jean Cocteau—, en la que hacía entroncar a sus miembros con la esquiva Orden de Sión, aquella organización que había precedido a la mismísima Orden del Temple.

La evolución de la trama era sorprendente: entre 1964 y 1967, aquellos *Dossiers* nos estaban proponiendo que el Priorato de Sion, además de estar detrás de la fundación de la Orden del Temple y de varias herejías medievales, llevaba varios siglos custodiando el linaje secreto de los merovingios, quien se habría ido mezclando a lo largo de los años con varias casas nobiliarias francesas. Y claro, Saunière habría encontrado bajo su iglesia una serie de genealogías que demostraban esa supervivencia del linaje merovingio. Fascinante, ¿verdad?

Todo estaba preparado para que ese mismo mes de abril de 1967 se publicara *El oro de Rennes o La vida insólita de Bérenger Saunière*... y que aquella increíble historia saliera de la Biblioteca Nacional de París.

Pero ¿no se han preguntado nunca de dónde le había surgido a Pierre Plantard aquella obsesión por los merovingios? Aunque no lo crean, quizá aquí se encuentra la clave de todo este asunto. Síganme...

El Partido Merovingio

Pierre Athanase Marie Plantard había nacido en París un 18 de marzo de 1920. Hijo de un mayordomo y de una cocinera, a los dos años se quedó huérfano de padre, por lo que a partir de 1927 lo encontramos viviendo con su madre en un modesto apartamento parisino.

¿Se imaginan a un joven Plantard moviéndose por los ambientes esotéricos y nacionalistas del París de los años 30? A buen seguro, su carácter pretencioso y sus simpatías monárquicas —en aquel momento la acción política en apoyo a la monarquía estaba representada por un nuevo movimiento conservador, religioso y de extrema derecha llamado «Action française»— le llevarían a codearse con personalidades influyentes del momento.

Lo cierto es que un hecho muy importante ocurriría en aquellos primeros años de Plantard en París: el 6 de febrero de 1934 se produjo un trascendental enfrentamiento entre la policía y los simpatizantes de ese movimiento monárquico que se manifestaban contra el gobierno republicano liderado por el entonces primer ministro Camille Chautemps. El motivo de aquel enfrentamiento estaba relacionado con la muerte repentina —el 8 de enero de aquel mismo año— de un hombre de negocios judío, un tal Serge Alexandre Stavisky, un estafador que había arrastrado a la ruina económica a muchísimas familias burguesas francesas que, a través de él, habían invertido su dinero. Según la versión policial, Stavinsky se habría suicidado, pero para la derecha política, había sido asesinado por órdenes del propio Chautemps, con la finalidad de evitar posibles revelaciones de aspectos delicados de su gestión al frente del Gobierno. Esta extraña muerte se convertiría, en el pretexto perfecto para una protesta de los monárquicos contra el Gobierno y Chautemps se vio obligado a dimitir.

Uno de los cofundadores de «Action française», Eugène Deloncle, se acabaría separando del movimiento para crear en 1936 un nuevo grupo monárquico, que luego pasaría a ser clandestino, el CSAR (*Comité secret d'action révolutionnaire*) —más conocido con el sobrenombre de «La Cagoule»— una organización secreta de extrema derecha que se conocida por su actividad terrorista durante la Tercera República. Deloncle también crearía escuelas secundarias relacionadas con el movimiento con el fin de reclutar nuevos militantes para el partido entre los jóvenes estudiantes. Y claro, seguro que el joven Plantard se vería atrapado por ese ambiente anticapitalista. De hecho, en 1937, Plantard, después de terminar sus estudios secundarios, arrastraría a algunos de sus compañeros esa primera aventura a una nueva organización, la «Union Française», un grupo inspirado en las ideas de Deloncle, pero sin ningún contacto con él.

Pero unos años antes, en la capital francesa había comenzado a gestarse también otro tipo de movimiento —en el fondo también vinculado con la monarquía— que, sin duda, el joven Plantard no dejaría pasar por alto.

De ello nos habla la mismísima Simone de Beauvoir en el segundo volumen de su autobiografía, *La fuerza de la edad* (1960). Miren qué nos dice la filósofa francesa —y pareja del gran Jean-Paul Sartre— acerca de lo que estaba sucediendo en París en 1934:

> «Durante la ausencia de Sartre, le daba clases de filosofía a Lionel de Roulet, que entonces vivía en París. Junto con algunos amigos, había fundado el llamado partido merovingio, que defendía, a través de carteles y panfletos, el regreso al trono de los descendientes de Chilperico. Lo regañé por dedicar demasiado tiempo a semejantes tonterías; pero tenía un talento natural para la filosofía y sentía mucho cariño por él».

¿Un partido merovingio? ¿El regreso al trono de los descendientes de Chilperico? Pero ¿quién era el tal Lionel de Roulet?

Alumno y discípulo de Jean-Paul Sartre, el célebre filósofo existencialista, Lionel Francois Theophile de Roulet se casaría en 1942 con la hermana de Simone de Beauvoir, la pintora Hélène de Beauvoir. Años antes, tras enfermar de tuberculosis ósea e ingresar en un sanatorio en Berck (Somme), regresaría a París, para acabar huyendo a

Portugal con el estallido de la Segunda Guerra Mundial. Allí, Lionel de Roulet participaría en distintas operaciones de los servicios secretos. Finalizada la guerra, Lionel sería enviado a Viena —en aquel entonces en plena zona soviética— donde trabajaría de consejero de información del ministro de Asuntos Exteriores. Así, mientras sus distintas misiones se iban sucediendo, también lo hacían sus destinos: Belgrado, Casablanca, Italia... y siempre bajo las órdenes de los servicios secretos de su país.

Lionel de Roulet, ¿el fundador del partido merovingio?

Pero mucho antes de todo aquello, de su cometido como «espía», un joven Lionel de apenas veintiún años —según el relato de Simone de Beauvoir—, habría fundado el partido merovingio, junto a unos amigos. Pero ¿podemos dar credibilidad al testimonio de la filósofa francesa? Lo digo porque la prensa de la época nos cuenta una historia bien distinta...

Fíjense, si no, en este recorte de prensa aparecido en un ejemplar de *Le Cri du jour: hebdomadaire financier et politique* del 25 de abril de 1936:

> «En 1932, teníamos a Troudebald Ascaria Mérovée, candidato del partido merovingio, y no solo candidato a diputado, sino candidato a la realeza.

—El verdadero candidato de l'Action Française, afirmó Urban Gohier».

Como ven, la noticia no tiene desperdicio: un tal Troudebald Ascaria Mérovée es el candidato del partido merovingio; y lo es en 1932 —es decir, dos años antes de su supuesta fundación por parte de Lionel de Roulet—. Y, además, según el abogado y periodista Urban Gohier, aquel es el candidato de la «*Action française*». ¿Recuerdan aquel movimiento conservador, religioso y de extrema derecha que apoyaba a la monarquía? ¿Y su conexión con Pierre Plantard? Sin duda, aquí podría hallarse la fuente de inspiración de la obsesión merovingia del fundador del Priorato de Sión.

Pero ¿quién era Troudebald Ascaria Mérovée? Poco sabemos de él. Solamente algunas pocas referencias en la prensa de la época nos advierten que aquel personaje había sido un candidato a la presidencia de la Tercer República, en representación del llamado partido merovingio. Así, en otro artículo de la época, esta vez aparecido en el diario parisino *Le Grelot,* con fecha del 14 de enero de 1947, cuando se hace un repaso de los distintos candidatos a las elecciones presidenciales francesas desde 1879 al 1932, encontramos este sorprendente párrafo:

> «Finalmente, cuando Millerand tuvo que dimitir en 1924, el señor Doumergue tenía dos competidores, sin contar la candidatura del señor Painlevé: Troudebald Ascaris Mérovée, creador del partido merovingio, destinado a "renovar el planeta", y el señor Castille, célebre farmacéutico parisino, también quisieron aprovechar su oportunidad».

Vean que aquí se nos está diciendo que Troudebald Ascaris Mérovée —en el texto aparece escrito como Ascaris— es el «creador del partido merovingio». ¡Y estamos en 1924! Por lo tanto, parece ser que este señor funda el partido como mínimo en esa fecha, pero es muy posible que ya lo creara con anterioridad.

Pero existe un tercer candidato para la creación de nuestro partido merovingio, un candidato que hace retrasar aún más en el tiempo su fundación.

El Círculo de Ulises

El 4 de agosto de 1977 es depositado en la Biblioteca Nacional de París un panfleto que lleva por título *Le Cercle d'Ulysse,* de un tal Jean Delaude. Pero lo cierto es que detrás de aquel folleto estaba la pluma afilada de Philippe de Chérisey, el «cómplice» de Pierre Plantard en esta trama rennesiana.

Allí, además de reproducir muchos de los pasajes ya conocidos de la *Belle Histoire,* como el hallazgo de los famosos pergaminos por parte de Saunière, el viaje a París, el encuentro con Emile Hoffet..., De Chérisey también atacaba al historiador René Descadeillas, quien en 1972 había escrito *Mythologie du trésor de Rennes,* un libro en el que refutaba las tesis de Pierre Plantard sobre el Priorato de Sión; así como a Gérard de Séde, quien acababa de publicar *Signe: Rose + Croix,* ya saben, la nueva adaptación de *El oro de Rennes.*

Pero, además, en aquel texto se realizaba una afirmación sorprendente:

> «Rennes-le-Château debe su fama a un tesoro descubierto a finales del siglo pasado por l'abbé Bérenger Saunière. Nombrado párroco de este lugar el 1 de junio de 1885, este sacerdote es pobre. Su iglesia y presbiterio se encuentran ruinosos. Pero la providencia es grande. En noviembre de 1885 recibió la visita de un enviado de Marie-Thérèse de Modène, condesa de Chambord, viuda del nieto de Carlos x, antiguo pretendiente a la corona de Francia. El delegado al que se hace referencia como "Monsieur de Chambord" no es otro que Jean de Habsbourg-Toscane.
>
> El conde de Chambord, fallecido en 1883, no deja descendencia, su viuda y sus seguidores son enemigos de la rama de Orleans, son los que forman un movimiento merovingio que todavía existe hoy, "Le Cercle du Lys", calle del Almirante Mouchez en París, formado

> por 350 fieles… *L'abbé* Saunière recibió una suma de 3000 francos, a cambio de la cual se comprometió a realizar determinadas búsquedas de documentos en su iglesia. Entre 1885 y 1891, "Monsieur de Chambord" volvió seis veces para seguir los resultados de la operación, pagando cada vez donaciones por un total de 20.000 francos».

¿Qué tenemos aquí? Por primera vez Philppe de Chérisey nos dice cómo se llamaba aquel partido merovingio: «Le Cercle du Lys». Y además nos cuenta que dicho movimiento estaba formado por los seguidores del conde de Chambord…, y que todavía existe en la actualidad.

Henri Charles Ferdinand Marie Dieudonné de Bourbon-Artois, duque de Burdeos, conde de Chambord (1820-1883). Litografía de Josef Kriehuber, 1863.

«Le Cercle du Lys». Sin duda, aquí teníamos la pieza que estábamos buscando. La pieza que completaba aquel enrevesado puzle y que establecía la conexión definitiva entre aquella foto retocada con «una flor de lis dentro de un círculo» que aparecía en *El oro de Rennes* —así como en la página 171 del texto, ¿recuerdan?— que sustituía al erosionado escudo de monseñor Leuillieux, y aquel escurridizo partido merovingio. ¡Aquella era la firma de Plantard!

Pero había algo más. No sé si se habrán fijado, pero *Le Cercle d'Ulysse* y «Le Cercle du Lys», en francés, suenan igual. Es decir, que se trata de un juego de palabras homófono[57] que hace que ambos nombres se pronuncien igual, pero tengan un significado distinto. Para comprender este galimatías veamos quién era en realidad Philippe de Chérisey, el «amigo» de Plantard...

De Chérisey era todo un personaje. Nacido el 13 de febrero de 1923 en París, Philippe de Chérisey —conocido con el seudónimo de «Amédée» —fue comediante de radio, actor de teatro y cine y escritor.

Al margen de su profesión de actor, Philippe de Chérisey era un seguidor del movimiento surrealista y miembro de la Facultad de Patafísica[58], por lo que su mayor deseo era subvertir las normas de la cultura, es decir, crear una realidad alternativa que se volviera más real que la realidad misma. Y eso es precisamente lo que hizo, falsificando documentos para su colega Plantard, así como los célebres pergaminos supuestamente hallados por Saunière.

También era propenso —como también lo era Plantard—, a adoptar la personalidad de personas recientemente fallecidas. Así, había firmado el panfleto *Le Cercle d'Ulysse* con el nombre de Jean Delaude, en realidad un periodista de la zona de Carcassonne que había fallecido hacía muy poco. De Cherisey distribuyó el folleto afirmando haberlo recibido de forma anónima.

En definitiva, Philippe de Chérisey fue un gran bromista. Prueba de ello es un panfleto esotérico-satírico titulado *Circuit*, que fue depositado en 1968 en una biblioteca francesa, y que jamás

57 Homófono se construye a partir de las raíces griegas homo («lo mismo») y phoné («sonido»).

58 La patafísica es un movimiento cultural francés de la segunda mitad del siglo xx vinculado al surrealismo. El nombre proviene de la obra *Gestas y opiniones del doctor Faustroll, patafísico*, de Alfred Jarry.

fue publicado oficialmente. De hecho, *Circuit* es una obra curiosa y enigmática que desempeña un papel importante en la mitología que rodea a Rennes-le-Château, la dinastía merovingia y el Priorato de Sión —en este sentido, algunas interpretaciones sugieren que la obra es una guía velada que refleja la naturaleza oculta de los secretos asociados con el pueblo—. Se trata de un texto complejo y críptico que combina elementos de ficción, acertijos, referencias históricas y simbolismo esotérico. La novela —porque, en definitiva, eso es lo que es— está estructurada como un rompecabezas laberíntico, lleno de referencias oscuras, juegos de palabras y mensajes codificados. Lo cierto es que no sigue una trama tradicional, sino que conduce al lector a través de una serie de pasajes crípticos que parecen estar diseñados para confundir e intrigar. Se nota la mano del De Chérisey actor, ya que está planteada como un verdadero guion cinematográfico, en donde en algunos aspectos del texto se refleja la propia vida del autor. En definitiva, se trata de un texto repleto de alusiones a personajes históricos, símbolos religiosos y temas míticos. Una verdadera búsqueda del tesoro, donde cada dato puede ser una pista que nos conduzca a una mayor comprensión o algún tipo de revelación. En fin, De Chérisey en estado puro.

Philippe de Chérisey, creador de realidades alternativas.

¿Verdad que ahora comprenden mucho mejor ese juego de palabras con el título de *Le Cercle d'Ulysse*?

Pero volvamos a aquel fragmento del texto en donde nos habla de «Le Cercle du Lys»... Si, según afirmaba De Chérisey, el partido merovingio estaba formado por los seguidores del conde de Chambord, eso significaba que debíamos retrasar aún más la cronología de su fundación.

Sorprendentemente, en 1978, el mismo Philippe de Chérisey, en un opúsculo de tan solo 11 páginas depositado en la Biblioteca Nacional de París, titulado *L'Enigme de Rennes*, concreta mucho más cuando pone en boca de Henri Lénoncourt[59] la siguiente frase:

> «Desde hace 60 años existe un partido merovingio: le Cercle du Lys, cuyo verdadero fundador sería Jean-Stephane de Habsburg llamado "Monsieur de Chambord". Sin embargo, Simone de Beauvoir, en su libro La fuerza de la edad menciona a otro fundador: Lionel de Roulet; este club muy cerrado cuenta con unos 300 a 400 miembros en París»[60].

Es decir, que ahora ya teníamos a otro fundador del partido merovingio: Jean de Habsbourg, alias, «Monsie*ur de Chambord*», aquel enviado de la condesa de Chambord que en noviembre de 1885 había visitado a Bérenger en Rennes-le-Château —y que habría de volver hasta seis veces más—. Eso sí, Philippe de Chérisey también reconocía el testimonio de la filósofa francesa quien abogaba por Lionel de Roulet como el auténtico fundador de «Le Cercle du Lys». Sin duda, el bueno de Chérisey de olvidó de intercalar aquí a Troudebald Ascaria Mérovée... ¿Con cuál nos quedamos?

Es difícil de decir, aunque conociendo los antecedentes de Philippe de Chérisey y su propensión a utilizar personas

59 ¿Recuerdan aquel primer *Dossier Secret* depositado en la Biblioteca Nacional de París en enero de 1964 bajo el título de *Généalogie des rois mérovingiens et origine des diverses familles françaises et étrangères de souche mérovingienne, d'après l'abbé Pichon, le docteur Hervé, et les parchemins de l'abbé Saunière de Rennes-le-Château (Aude)*, de Henri Lobineau? Pues resulta que el Priorato de Sión publicó una serie de textos en la década de 1972 afirmando que el tal Henri Lobineau era en realidad un aristócrata francés: llamado Henri, conde de Lénoncourt.

60 Robin, Jean: *Operación Orth*. Heptada Ediciones. Majadahonda (Madrid). 1990.

fallecidas para sus intereses, bien podríamos intuir que la atribución del partido merovingio a Jean de Habsbourg, no había sido más que un artificio de los que el comediante parisino nos tenía acostumbrados.

Porque, en realidad, aquel «Monsie*ur de Chambord*» que presuntamente visitaba a Saunière no era otro que el mismísimo archiduque de Austria-Hungria Jean de Habsburg. Su historia es de lo más misteriosa.

Tras verse involucrado en la misteriosa muerte de su primo, el archiduque Rodolfo, en 1889, Jean de Habsburg renunciaría a su herencia y a todos sus títulos imperiales, se cambiaría el nombre —a partir de ese momento pasó a llamarse Jean Orth— y se embarcaría en el «Santa Margarita» rumbo a tierras argentinas, en donde habría de desaparecer misteriosamente en 1890 en un supuesto naufragio en los arrecifes del Cabo de Hornos.

Archiduque de Austria-Hungria, Jean de Habsburg.

Sin embargo, desde un principio, un cierto halo de misterio había rodeado a dicha desaparición, ya que muy pronto habrían de aparecer diversas tradiciones que aseguraban que tan solo se había tratado de una desaparición simulada, y que Jean Orth habría muerto realmente en Noruega, a la edad de cincuenta años, con el nombre de Hans Koehler. Por otro lado, otros aseguraban que la muerte le habría llegado al archiduque en 1910, con cincuenta y ocho años, en la provincia argentina de Santa Cruz, bajo el nombre de Fred Otten. Incluso había quien aseguraba que su fallecimiento no se había producido hasta 1923, en la ciudad de Buenos Aires, a los setenta y un años, y esta vez con el nombre de Juan Guameri.

Pero si la más absoluta confusión envolvía a la muerte de Juan de Habsburgo, otro tanto sucedía con su nacimiento, ya que, según una tradición, Jean Orth había sido declarado muerto el mismo día de su nacimiento, y criado en secreto por la familia Orth de Luxemburgo.

Como ven, aquel era un personaje de lo más escurridizo, sin duda un candidato ideal para los tejemanejes de Philippe de Chérisey y Pierre Plantard.

El octavo círculo

Pero ¿por qué *Le Cercle d'Ulysse*? Sí, lo sé, como ya habíamos visto, se trataba de una homofonía, pero ¿por qué no, por ejemplo, «Le Cercle du lice» (El círculo de los piojos) o «Le Cercle du lisse» (El círculo liso)? Ambos términos también suenan igual, pero significan cosas distintas.

Sin embargo, Philippe de Chérisey escogió involucrar a Ulises —y no a los piojos— en su singular homofonía. ¿Por qué? Para intentar comprender sus motivaciones, permítanme realizar un desconcertante desvío en mi línea narrativa: acompáñenme al infierno...

En su célebre poema épico *La Divina Comedia*, sin duda una de las obras más influyentes de la literatura universal —escrito entre 1304 y 1321 aproximadamente—, el poeta florentino Dante Alighieri, hace un recorrido a través del infierno, el purgatorio y el paraíso, en compañía del poeta latino Virgilio, quien le hace de guía.

La historia comienza con el propio Dante perdido en medio de un bosque oscuro donde es asediado por tres bestias de las que no puede escapar: un leopardo, un león y una loba. Es entonces cuando Virgilio acude en su auxilio y le hace saber que su amada Beatriz le ha encomendado llevarlo hasta las puertas del paraíso. Pero para llegar hasta allí, deberán pasar primero por el infierno y el purgatorio.

Así, en la primera parte de la travesía, Virgilio acompaña al peregrino a través del inframundo en donde recorrerán los nueve círculos del infierno. Allí, Dante vislumbrará aterrado los escarmientos que sufren los pecadores impíos.

En la segunda parte, el poeta conocerá el Purgatorio, un lugar en donde las almas pecadoras —pero arrepentidas— purifican sus pecados para ascender al cielo.

Llegamos así a la tercera parte, en donde Dante será recibido por Beatriz en las puertas del paraíso —Virgilio tiene la entrada prohibida por haber sido pagano—. Iluminado y convertido por la victoria de los santos y la gloria del Altísimo, el poeta regresará a la Tierra para dar testimonio de su viaje en un poema para advertencia y consejo de la humanidad.

Así pues, sin más dilación, entremos al infierno…

Dante y Virgilio llegan al río Aqueronte, se encuentran a Caronte, el barquero que lleva las almas hasta la puerta del infierno. Sobre la puerta puede leerse: «¡Oh, vosotros los que entráis, abandonad toda esperanza!» Entran. El infierno está estructurado por nueve círculos, donde los condenados se encuentran distribuidos según sus culpas.

El primer círculo es el hogar de los paganos virtuosos y los no bautizados, es decir, el limbo o anteinfierno. Aquí es donde se encuentran las almas de Hipócrates, Aristóteles, Sócrates, Homero, Julio César o el propio Virgilio. Su pena es no poder gozar de los dones de la vida eterna.

En el segundo círculo, Dante y Virgilio se topan con personas que fueron derrotadas por la lujuria, uno de los pecados capitales. Allí son castigados con fuertes vientos que los empujan violentamente de un lado a otro, impidiéndoles encontrar paz y descanso, simbolizando la inquietud de quien se deja llevar por el deseo de los placeres carnales. Aquí se encontrarán con Cleopatra, Tristán o Helena de Troya, así como con Francesca de Rímini, una mujer noble italiana que, en su época, se convertiría en el símbolo del adulterio y la lujuria tras su trágico final[61].

El tercer círculo está reservado al pecado de la gula. Allí las almas soportan una lluvia interminable de granizo bajo la atenta mirada del Can Cerbero, aquel monstruoso perro de tres cabezas que custodiaba la puerta del reino de Hades —el inframundo griego— y aseguraba que los muertos no salieran y que los vivos no pudieran entrar.

61 Francesca da Rimini, contemporánea del mismo Dante, es forzada por su padre a casarse con Lanciotto Malatesta, pero se enamora de su cuñado, el bello Paolo. Cuando se dan su primer beso, el marido les sorprende y los mata de un solo golpe de espada.

Aquellos que dedicaron su vida a los bienes materiales y cuya única preocupación había sido el dinero y el materialismo, se encuentran en el cuarto círculo del infierno. Su castigo es empujar objetos muy pesados a lo largo del círculo del inframundo y chocarse constantemente los unos con los otros. Pluto, el demonio de la riqueza, protege el lugar.

En el quinto círculo, el de los pecados de la pereza y la ira, las almas coléricas pasarán toda la eternidad librando una batalla en el río Estigia.

El sexto es el círculo de la herejía. Dante se encuentra allí con Farinata degli Uberti, un líder militar y aristócrata que intentó ganar el trono italiano y que fue condenado póstumamente por herejía en el año 1283. También es el hogar de Epicuro, el papa Anastasio II y el Emperador Federico II.

La entrada del séptimo círculo se encuentra custodiada por el Minotauro de Creta, y contiene tres anillos: en el primero, los homicidas, criminales, tiranos, violadores y bandidos se hallan sumergidos en el río Flegetonte, un río de sangre y fuego hirviente; en el siguiente anillo se hallan los suicidas y los que buscaron la muerte en manos ajenas; y por último, el tercer anillo está formado por los blasfemos —castigados con una perenne lluvia de fuego—, los sodomitas —condenados a correr sin descansar— y los usureros —quienes tienen que enfrentarse al mismísimo fuego—.

El octavo círculo —dividido en diez fosos circulares y concéntricos— está reservado a los fraudulentos. Aquí se castiga a los rufianes, aduladores, practicantes de la simonía, adivinos e impostores, corruptos, hipócritas, ladrones, consejeros del fraude, cismáticos, promotores de discordia, alquimistas y falsificadores.

El último círculo del infierno, el noveno, es el de la traición. Está dividido en cuatro fosas —según la gravedad del pecado—, en donde se distribuyen los traidores a los parientes (la fosa de Caín), a la patria (la fosa de Antenor de Troya, quien fuera consejero de Príamo durante la Guerra de Troya), a los invitados (la fosa de Ptolomeo, hijo de Abubus, gobernador de Jericó) y a los benefactores (la fosa de Judas Iscariote, el apóstol que traicionó a Jesús). Y en el centro se encuentra el mismísimo Lucifer, condenado por traicionar a Dios.

Virgilio muestra a Dante las llamas de la fosa. Ilustración de Paul Gustave Doré.

Bien, llegados a este punto, seguro que se estarán preguntando por qué les cuento todo esto. Verán, vamos a centrarnos en el octavo círculo del infierno y comprenderán…

Como acabamos de ver, allí se purgan los pecados relacionados con el fraude. Así, los que son fraudulentos de forma deliberada, es decir, que son conscientes del mal que causan, están confinados en un lugar llamado Malebolge, el conjunto de diez fosos circulares y concéntricos, en donde son castigados cada una de las especies de embaucadores.

Pues resulta que en la octava fosa de este octavo círculo se castiga a los consejeros fraudulentos, es decir, a los falsos consejeros, aquellos que incurren el fraude mediante consejos malintencionados. Allí, una llama los abrasa sin piedad. Y allí, Dante y Virgilio se encuentran, entre otros, con Ulises y Diomedes, quienes no son castigados por los consejos dados a otros, sino por las obras que realizaron. Ambos están juntos en el castigo divino, ya que en vida también pecaron juntos y provocaron la ira de Dios, con el engaño del caballo de Troya, que provocó la caída de la ciudad. Pero, además, Ulises es culpable de arrastrar a una muerte segura a sus fieles compañeros.

Dante se muere de ganas de hablar con Ulises, ya que durante toda la edad media había un gran misterio sobre cuál había sido su fin. Un misterio sobre el que los autores antiguos habían guardado silencio. Ni Virgilio, ni Horacio, ni Séneca, ni Cicerón dijeron una sola palabra al respecto. Se habían hecho numerosas especulaciones sobre el destino final del rey de Ítaca, y, aunque es muy probable que Dante no conociera *La Odisea* e incluso ignorara los resúmenes medievales realizados por autores latinos, el poeta florentino se animó a proponernos su propia versión de los hechos.

Así, en uno de los cantos más famosos del infierno de Dante —conocido también como el «Canto de Ulises»—, el héroe griego cuenta su muerte durante un viaje en barco de cinco meses hacia el hemisferio sur. Ulises, en lugar de volver a casa junto a Penélope y a su hijo Telémaco, parte a mar abierto junto a sus compañeros de siempre con el objetivo de atravesar las Columnas de Hércules y conocer el hemisferio austral.

> «Oh hermanos, dije, que por cien mil
> peligros habéis llegado a occidente,
> de esta tan pequeña vigilia
> de nuestros sentidos remanente
> no queráis negaros la experiencia,
> siguiendo al Sol, hacia el mundo sin gente.
>
> Considerad vuestra simiente:
> hechos no fuisteis para vivir como brutos,
> sino para perseguir virtud y conocimiento»[62].

Y precisamente Ulises será condenado a las llamas eternas por eso, por la pasión desmedida de hacerse una última vez a la mar en busca de nuevo conocimiento, arrastrando con él a la muerte a sus amigos. De hecho, el griego relata a Dante que cuando cruzan el estrecho de Gibraltar y se dirigen al poniente, es decir, hacia el sur, avistan una montaña —más tarde el poeta nos hará saber que esta

62 Dante Alighieri: *La Divina Comedia*. Canto XXVI vv. 112-120

misteriosa montaña es el mismísimo Purgatorio, lugar prohibido para los vivos—. Y acto seguido se levanta un torbellino de agua que golpea brutalmente el barco haciéndolo girar hasta cuatro veces. Finalmente, la nave es engullida, y Ulises y sus hombres son devorados por las aguas, sin duda castigados por haber pretendido ir más allá de lo que estaba permitido a los simples mortales.

El naufragio de la barca de Ulises. Anónimo florentino (1390-1400).

Llegados a este punto, seguro que ya se habrán dado cuenta de cómo funcionaba la mente «patafísica» de Philippe de Chérisey, y de cómo aquel Ulises de Dante abrasándose en las llamas del octavo círculo del infierno, había sido su inspiración para *Le Cercle d'Ulysse*. Y para más *inri*, se trataba del círculo destinado a los falsarios, embusteros y embaucadores. Sin duda, De Chérirey y Plantrad se estaban definiendo a sí mismos, colocándose en las mismísimas llamas de aquel círculo dantesco. Sin palabras.

El creador de sociedades secretas

Ahora teníamos más que claro que un joven e inquieto Pierre Plantard se había inspirado en aquel partido merovingio, que a principios de la década de los 30 —y como habíamos visto puede que desde mucho antes— aspiraba al regreso al trono francés de los descendientes de Chilperico, para desarrollar sus ideas sobre la supervivencia del linaje secreto de los merovingios al amparo del Priorato de Sion y afirmar que él era, en realidad, descendiente directo y legítimo del rey merovingio Dagoberto II. Sin duda, el germen merovingio había entrado en la mente calenturienta de Plantard, pero aún tardaría unos años en fraguar su monumental proyecto. Mientras se dedicaría a una de sus aficiones favoritas: crear sociedades secretas.

Así, con tan solo diecisiete años, Plantard fundaría un par de organizaciones de ultraderecha, antisemitas y antimasónicas que llevaban por nombre *Rénovation Nationale Française* y *Groupement Catholique de la Jeunesse*, y que seguían claramente la estela de la «*Action française*», aquel movimiento conservador, religioso y de extrema derecha que apoyaba a la monarquía. ¿Recuerdan?

Pero su proyecto más ambicioso aún estaba por llegar. Así pues, el 21 de septiembre de 1942 —en plena ocupación alemana de Francia— aparecía el primer número de un boletín llamado *Vaincre*, dirigido por un tal Pierre de France —como ya habrán adivinado, detrás de ese seudónimo se escondía Plantard—, que no era otra cosa que el boletín interno de su nueva sociedad secreta: la Orden Alpha-Galates.

Para empezar, el nombre de la orden ya era toda una declaración de intenciones, ya que hacía referencia a los gálatas, un pueblo de origen galo establecido en Asia Menor —a los que san Pablo dedicó una de sus famosas epístolas del Nuevo Testamento—, quienes no consideraban el naciente cristianismo como una religión nueva, sino como una clara evolución del judaísmo. Sin embargo, en aquel primer panfleto de la orden, Plantard ya dejaba bien claro por dónde iban los tiros: «La Orden está rigurosamente cerrada a los judíos y a cualquier miembro reconocido como perteneciente a la orden judeo-masónica»[63].

N° 1 - 1re Année — 21 Septembre 1942

VAÍNCRE

POUR UNE JEUNE CHEVALERIE

DIRECTION-RÉDACTION, 10, Rue Lebouteux, PARIS (XVIIe)

VAINCRE...

par Pierre de FRANCE

« Vaincre », mot prestigieux ui eut toujours le pouvoir de assembler les peuples, est aujourd'hui le titre de cet organe ui doit redonner à la patrie la uissance de vivre, avec un idéal hevaleresque et l'abnégation du oi.

Le plus beau parti, voyez-ous, c'est l'ensemble de tous s hommes penchés sur leur avail, à l'atelier, dans les Facultés, dans les bureaux, coordonnant leurs volontés dans un ême idéal d'entr'aide et qui arfois lèvent la tête en songeant qu'ils doivent *vaincre* our assurer leur avenir.

L'avenir pour eux, ce n'est ni ne intrigue politique, ni un raquenard de vendu, ce n'est i la haine, ni l'anarchie, ce 'est ni la guerre, ni la révolu-on avec leurs cortèges san-lants; il est beaucoup plus mple.

L'avenir, c'est vaincre pour ivre dans la sécurité, avec la rtitude que le salaire ne sera s synonyme de mauvaise surrise, que le travail aura des ndemains réconfortants.

Vaincre, c'est en rentrant hez soi, le soir, après le travail, trouver une présence sous la ampe, et, dans un coin, le berau sur lequel deux fronts vont penchés.

Vaincre, c'est constituer, sou son, le petit pécule qui assurera la quiétude aux heures de aladie et permettra peut-être chat de la petite reine de la oute, même de la petite maison ont on rêve, ou d'un supplément à la ration journalière. 'est aussi constituer une dot our les filles ou les fils qui, le oment venu, devront s'établir leur tour.

Vaincre, c'est organiser sa vie omme on trace un sillon en rofondeur et en rectitude.

Vaincre, c'est l'entr'aide nationale et l'entente des Peuples, unis dans un véritable socialisme, bannissant à jamais les querelles créées par des intérêts capitalistes.

Je connais beaucoup de ces braves travailleurs qui doutent du lendemain, qui vont, chancelant, de déception en déception, durement éconduits par les riches de ce monde aux égoïsmes confortables, ou bien douloureusement déçus par des meneurs cyniques travestis en apôtres.

Ceux-là, que pensent-ils donc?

Ils songent avec anxiété au pain quotidien, à l'avenir proche, à leur sort et à celui des leurs.

C'est toute cette grande famille que je veux grouper sans distinction d'origine ou de parti.

L'âge lui-même n'est pas une limite, parce qu'il y a de faux vieillards et de faux jeunes gens. Il y a des hommes d'âge pour qui le nombre des années n'est jamais que de la jeunesse accumulée, et des jeunes qui ont toujours eu le sens de la direction.

Il faut d'abord être unis, être groupés; il faut être [illegible]x, c'est-à-dire former un Grand Ordre de Chevalerie, parce que, si nous sommes *nombreux et disciplinés, nous serons forts, parce que, si nous sommes forts, nous serons craints et pourrons vaincre*, c'est-à-dire **imposer aux foules une doctrine et un idéal.**

Pierre de FRANCE

En outre, je veux ouvrir le cahier des revendications des travailleurs, centraliser leurs doléances, leurs récriminations, en dégager leurs aspirations communes, les traduire, en être devant les foules, le porte-parole tenace et passionné. *Je veux vaincre avec eux, pour eux.*

C'est pourquoi je veux d'abord créer un état d'esprit, puis appeler les hommes à l'action.

Il s'agit de cristalliser les volontés.

Il s'agit de grouper tous les hommes que n'a pas atteints le microbe politique, *dans une coalition qui dominera le présent et sauvera l'avenir.*

Qu'on le sache bien, pour poursuivre cette tâche, je n'ai pas besoin de l'aide de partis organisés, [illegible] de fanatiques politiciens.

SYNTHÈSES DE FORCES

« ...Quand un ruisseau est pollué, il est nécessaire pour trouver l'eau pure de remonter à la source; il en est de même pour la *tradition*, elle n'est restée pure qu'à son origine. »

Paul Lecour,
Directeur de l'*Atlantis*.

« ...La nouvelle *construction d'Occident* puisera ses forces dans le vieil ordre Celtique, et la Bretagne qui conserve le dépôt inaltéré de la science sacrée, sera très certainement le berceau de l'Ordre Chevaleresque. »

G. Trarieux d'Egmont,
Ecrivain et Poète.

« ...C'est très beau les discours, mais quelle est leur utilité? Voyez-vous ce qu'il faut à notre Patrie, c'est l'action, une *action chevaleresque*, dégagée des intrigues politiques où nos éminences s'embourbent... »

Henry Coston
Directeur de la *Libre Parole*.

« ...Un Ordre de Chevalerie, mais c'est la pierre de base d'une nation, la France est justement morte pour avoir remplacé ses *Chevaliers par des Cavaliers*... »

Franchet d'Espérey
Maréchal de France.

« ...Certes, une Chevalerie est indispensable, car notre pays ne peut *renaître que par ses Chevaliers*... »

Geneviève Zaepffel,
Directrice
de l'*Arche Nationale*.

Notre ordre n'est pas en quête d'hommes avides de titres ou de rubans.

Ces lignes s'adressent uniquement aux forces saines de mon pays, à ceux qui sont capables de faire don de leur personne pour une cause désintéressée, à ceux qui ont juré, comme nous, de vaincre pour sauver la France.

— ORGANE GRATUIT —

Primer número de *Vaincre*, dirigido por Pierre de France.

La estrategia de Plantard estaba servida. Un reaccionario nacionalista como él sabía perfectamente que postularse como antisemita y antimasón le abriría muchísimas puertas de cara a desarrollar el plan se estaba gestando en su mente. Y Alpha-Galates sería, sin duda, un buen trampolín para lo que estaba por llegar. El objetivo era claro: el resurgir nacional espiritual y religioso de Francia. Y para ello había que eliminar del país todos aquellos elementos nocivos que entorpecieran tan noble gesta, es decir, fuera el secularismo, fuera el ateísmo, y por supuesto, fuera los principios judeo-francmasónicos.

63 Artículo séptimo de los Estatutos de los Alpha Galates. 27 de diciembre de 1937.

> «De este modo, nuestra orden servirá como un laboratorio para una nueva patria ardiente, orgullosa y respetada, exactamente como la queremos construir. Queridos amigos, tal es nuestro propósito. Alpha-Galates os espera»[64].

Pero, detengámonos un momento y pongamos en contexto toda esa fiebre antisemita, antimasónica y nacionalista de ultraderecha que estaba asolando Francia durante aquella época.

Tras siete años gobernando en Alemania, el 1 de septiembre de 1939 Adolf Hitler invade Polonia. Es el comienzo de la Segunda Guerra Mundial. La expansión alemana acabaría invadiendo media Europa, y Francia no se salvaría de la ocupación nazi. De modo que el 22 de junio de 1940, tras la rendición gala, los alemanes se instalan en dos tercios del territorio francés, mientras que el otro tercio acaba en manos de un gobierno colaboracionista bajo la batuta del mariscal Pétain, un antiguo héroe de la Primera Guerra Mundial, que instala su sede en Vichy. Es la llamada Francia de Vichy.

Pétain sería proclamado jefe del Estado francés —el nombre de República fue borrado del mapa—, y con él llegó el acuerdo de paz con los nazis; acuerdo que supuso que el régimen de Vichy se decantara claramente y sin pudor por las políticas fascistas. Sin embargo, aquella situación tenía los días contados, ya que el 11 de noviembre de 1942 los alemanes toman el control de la totalidad del territorio francés. Pétain sigue en el poder, pero como un mero títere de los nazis.

Finalmente, el 6 de junio de 1944 las tropas aliadas desembarcarían en Normandía, y ese mismo verano París sería liberada. Ahora, Charles de Gaulle, el líder de la Resistencia y de la Francia Libre, pasaba a llevar las riendas del Gobierno de la República francesa.

Ese había sido el ambiente que había respirado nuestro joven Plantard, el de una Francia ocupada por los nazis y el de un gobierno colaboracionista de Pétain. Y, sin duda, aquel era el caldo de cultivo necesario para fundar su nueva orden, ya saben, la Alpha-Galates.

Ahora bien, según se contaba en *Vaincre,* Alpha-Galatas habría sido fundada por el conde de Moncharville y un tal Georges Monti

64 *Vaincre.* N°1 21 de septiembre de 1942.

tras el 6 de febrero de 1934. ¿Recuerdan? Un 6 de febrero de 1934 se había producido un trascendental enfrentamiento entre la policía y los simpatizantes de «*Action française*» que se manifestaban contra el gobierno republicano liderado por el primer ministro Camille Chautemps. La muerte repentina de un tal Serge Alexandre Stavisky, un estafador que había arrastrado a la ruina económica a muchísimas familias burguesas francesas, y las sospechas de que el propio Chautemps estaba detrás del asunto, acararía siendo el pretexto perfecto para la protesta de los monárquicos contra el Gobierno.

Es más, Monti habría sido el gran maestre de Alpha-Galates hasta el 21 de octubre de1936, fecha en que moriría envenenado en su casa de París. George Monti había sido en su tiempo secretario de Joséphin Péladan, un famoso exotista del momento, conocido como el «Mago», y fundador de la «Orden del Templo y de la Rosacruz Católica», así como un reconocido martinista, relacionado con Gérard Encausse, más conocido por su nombre místico «Papus», el fundador de la Orden Martinista. Pierre Plantard acabaría reconociendo de Monti había sido su mentor. ¿Con tan solo catorce años? Parecía extraño…

A la muerte de Monti, el conde de Moncharville tomaría su relevo como gran maestre de la Orden, cargo que pasaría al mismísimo Plantard en septiembre de 1942 —curiosamente, ese es el año en que se hace pública la sociedad secreta y aparece el panfleto *Vaincre*—. En realidad, todo aquello apuntaba a una clara intención del joven Plantard de darle un renombre a su recién creada Orden, inventándose un pasado de ascendencia ilustre. Ya vimos en su momento que vincularse a personajes fallecidos —y que posiblemente nunca tuvieron ninguna relación con él— fue siembre el *modus operandi* de Pierre Palntard en sus tramas.

En definitiva, Alpha-Galates había sido una especie de moderna orden de caballería que entroncaba con la tradición esotérica francesa, derechista y contrarrevolucionaria del Gran Occidente Francés —llamado así por clara oposición al republicano Gran Oriente de Francia—, a la vez que la precursora e inspiradora del futuro Priorato de Sión de Pierre Plantard, y como aquel, propugnaba la creación de unos «Estados Unidos de Occidente», el verdadero germen de lo que llegaría a ser la Unión Europea, pero con una base ideológica de raíces míticas celtas y arias.

En cualquier caso, la aventura duró hasta febrero de 1943 —al menos en esa fecha apareció el sexto y último número de *Vaincre*—, aunque nos consta que el 13 de febrero de 1945, la policía emitió un informe referido a la solicitud de registro de la Orden.

Durante los siguientes años, el rastro de Pierre Plantard parece desvanecerse, apenas sabemos nada de él. Tiempo después, el propio Plantard confesaría que aquello se debió a que estuvo implicado en un asunto de lo más turbio, asunto que tenía que ver con unas operaciones financieras sospechosas, por las que incluso había acabado en prisión. Parece ser que, en 1952, Plantard había tenido que comparecer ante el Tribunal Correccional acusado de fraude, por haber efectuado una transferencia ilícita de Francia a Suiza de una cantidad de lingotes de oro por valor de más de cien millones de francos. En realidad, esas enormes transferencias de oro estarían relacionadas con un complot político-militar cuyo objetivo era devolver el poder al general Charles de Gaulle, ya saben, el líder de la Resistencia francesa que, tras la liberación de Francia en agosto de 1944, había sido nombrado presidente provisional de la República. Finalmente, el 29 de mayo de 1958, Charles de Gaulle acabaría formando gobierno definitivo, iniciándose de ese modo la Quinta República francesa.

¿Había sido Pierre Plantard un agente secreto de Gaulle, tal como incluso llegó a decirse en aquella época? ¿Estaba realmente relacionado con aquellas maniobras clandestinas que llevaron a De Gaulle al poder? Bien, conociendo al personaje, todo apuntaba a que, en realidad, todo había sido una hábil artimaña para legitimarse y allanar el terreno para lo que estaba a punto de suceder…

El Gran Monarca

El 25 de junio de 1956, en la subprefectura de Saint-Julien-en-Genevois (Haute-Savoie) —y ajustándose con la ley francesa de asociaciones de 1901—, Pierre Plantard registró su gran creación: el Priorato de Sión. Y lo hizo con un curioso subtítulo: *Chevalerie d'Institutions et Règles Catholiques, d'Union Indépendante et Traditionaliste*, cuya abreviatura era CIRCUIT, nombre que también adoptó el boletín interno de la Orden.

Símbolo del Priorato de Sion, ¿una variante del Círculo de Lis?

Ya desde la primera página de los estatutos de esta nueva Orden, Plantard deja bien claro que su objetivo es

> «la constitución de una orden católica consagrada a recuperar, bajo una forma moderna, pero conservando su carácter tradicional, la

> caballería antigua, que, a través de sus actos, fomente un ideal de elevada moral y constituya el elemento de mejora constante de las normas de la vida y de la personalidad humana».

De hecho, Plantard está retomando aquella vieja idea que ya había desarrollado catorce años antes en Alpha-Galates. ¿Recuerdan? Entonces, se había declarado antisemita, antimasón, y se había arrimado a los ideales de Pétain. Ahora, con el recién fundado Priorato de Sión, parece ser que evita acercarse a la extrema derecha reaccionaria, y en su lugar toma partido por la Quinta República de De Gaulle.

Sin embargo, no deja de ser curioso que, por aquel entonces, no encontramos ni rastro de los merovingios en el Priorato de Sión. Éstos aún tardarían un poco en aparecer en escena…

Primero nos vamos a topar con un inquietante personaje llamado Chyren —en realidad, otro de los seudónimos adoptado por Pierre Plantrard—. Pero ¿de dónde había sacado Plantard aquel nombre?

En 1555 se había publicado en Lyon un libro titulado *Les Prophéties,* de un tal Michel de Nôtre-Dame, más conocido como Nostradamus. Se trataba de una obra compuesta de 353 cuartetas —poemas de cuatro versos—, en donde se anunciaban de manera enigmática distintos sucesos del futuro próximo de Francia y de toda Europa. Cuando en 1559 murió trágicamente rey Enrique II en el curso de un torneo —hecho que, supuestamente, Nostradamus había pronosticado cuatro años antes en una de sus cuartetas—, aquel médico y astrólogo provenzal alcanzó una gran fama a escala europea con sus predicciones, que muy pronto ampliaría con nuevas cuartetas, de modo que la última edición ya contaba con 942, agrupadas en un total de diez centurias.

Lo cierto es que el aire enigmático de sus cuartetas permitía que sus pronósticos pudieran interpretarse de distintas maneras, pudiendo aplicarse a distintos acontecimientos del futuro. Y claro, a eso ayudaba, y mucho, el uso constante de latinismos en vez de las palabras habituales, la elipsis o la supresión de verbos o artículos, así como la sintaxis enrevesada. Incluso los errores de impresión —muy habituales en aquella época de una edición a otra—, contribuían, sin duda, a incrementar ese aire de misterio.

Hoy en día, la mayoría de las fuentes académicas rechazan de pleno la idea de que Nostradamus tuviera habilidades proféticas sobrenaturales, manteniendo que, en realidad, las asociaciones entre los sucesos mundiales y las centurias son simplemente el resultado de malas interpretaciones, o incluso de malas traducciones —en ocasiones deliberadas, haciendo que las profecías encajaran en cualquier suceso que el traductor creyese que el adivino había predicho—.

Michel de Nôtre-Dame, más conocido como Nostradamus.

Pues bien, en varias de las profecías de Nostradamus se menciona a un enigmático personaje llamo «el gran Chyren». Vean, por ejemplo, la Cuarteta 70 de la Centuria IV:

> Un jefe del mundo el gran Chyren será,
> Mucho más amado, temido, respetado:
> Su fama y alabanzas los cielos sobrepasará,
> Y solo con el título de vencedor se contentará.

En realidad, Chyren a menudo es considerado como el anagrama de *Henryc* —la forma provenzal de Henry—, es decir, que se trataría del rey Enrique II, el «Gran Monarca». Si bien es cierto que las alusiones a ese Gran Monarca podrían haber sido tomadas por Nostradamus del *Mirabilis Liber* —una recopilación de distintas predicciones que fue muy popular durante siglos en Europa—, la verdad es que el nombre de Chyren no aparece nunca en ese tratado medieval[65].

Pero ¿quién es ese «Gran Monarca» al que hace referencia Nostradamus? ¿Es realmente el rey Enrique II?

El 19 de septiembre de 1846 en La Salette-Fallavaux, un pequeño pueblo de la región francesa de Rhône-Alpes, supuestamente la Virgen se les apareció a dos niños —Mélanie Calvat y Maximin Giraud—, y les hizo entrega de varios mensajes proféticos en relación con la futura corrupción del clero, el triunfo del materialismo y del ateísmo y el inmediato advenimiento del día del Juicio Final[66].

Sin embargo, tras aquellos acontecimientos apocalípticos, la tradición francesa nos habla de la llegada de un soberano legítimo, el Gran Monarca anunciado por Nostradamus, pero también por otros muchos profetas. De hecho, esta profecía existe desde hace muchos siglos en Francia, siendo apoyada y complementada por santos como San Juan María Vianney, Santa Hildegarda de Bingen o San Luis María Grignon de Montfort. La profecía dice que llegará un momento en que un gran monarca, católico, heredero legítimo de un trono, se levantará de las cenizas de la guerra y reclamará su trono, y así, la civilización occidental volverá a sus valores y estatus cristianos. Algunos lo describen como un hombre fuerte y justo, de procedencia centroeuropea —¿alemán?—, que gozará de las bendiciones de Dios, y que realizará milagros y prodigios que maravillarán a los más incrédulos. Parece ser que este Gran Monarca, de la mano del papa de Roma, acabará restaurando el orden y la paz en el mundo y será el responsable de que las diversas creencias religiosas desaparezcan, dando lugar a una única religión.

Pues bien, tras la creación de su Priorato de Sión en 1956, Pierre Plantard afirmará ser el «Gran Monarca», el Chyren, y con ese seudónimo firmará varios artículos de carácter esotérico en el boletín *Circuit*. En fin, como ven, su megalomanía comenzaba a alcanzar cotas extremas. Pero el siguiente paso aún estaba por llegar...

---

65 El *Mirabilis Liber* fue escrito parcialmente en la Edad Media, alrededor del año 1000, pero se imprimió por primera vez en Francia en 1522 —aunque supuestamente se publicó en Roma en 1524, probablemente porque era la fecha de una alineación planetaria importante y largamente esperada—.

66 Cinco años después de estas apariciones, en 1851, el papa Pio IX aprobó la devoción a Notre-Dame de La Salette, que desde entonces se convirtió en un punto esencial de los peregrinos franceses.

La misteriosa Ormus

¿Recuerdan la increíble historia de Roger Lhomoy, aquel jardinero que afirmaba haber hallado en el interior del castillo de Gisors el colosal tesoro de los templarios, y que había sido el inicio de la colaboración entre Gérard de Sède y Pierre Plantard, dando lugar, en 1962, a la publicación de *Los Templarios están entre nosotros o El enigma de Gisors*? Pues bien, en ese libro, Plantard nos dice por primera vez que el Priorato de Sión es, en realidad, heredero de una mítica orden con casi mil años de antigüedad.

Sin embargo, Plantard no nos habla explícitamente de la orden que acaba de fundar, pero su espíritu se deja entrever cuando nos cuenta que

> «a su vuelta de las Cruzadas, Luis VII trajo varios monjes, iniciados en Oriente, miembros de la abadía de Notre-Dame de Sión; mientras que algunos se instalaron en el Priorato de Saint-Samson de Orleans, otros se unieron a la Orden del Temple».

Y, sobre todo, cuando afirma que, en 1188, tras la «tala del olmo», una escisión llamada «Ormus» —en francés «olmo» se dice «orme»— se instalará en el Priorato del Monte Sión, precisamente bajo la protección de aquel Priorato de Saint-Samson de Orleans.

Pero ¿qué es eso de la «tala del olmo»? Lo cierto es que se trata de un acontecimiento un tanto oscuro que tuvo lugar en Gisors. Parece ser que, en 1188, Felipe II de Francia y Enrique II de Inglaterra tuvieron sus más y sus menos ante un viejo olmo, y la refriega terminaría con el derribo del antiguo árbol sagrado por orden del monarca francés. Los motivos de aquella desafortunada acción se pierden en las brumas de la leyenda —que si la discusión giró alrededor de quién debía disfrutar de su sombra, que si aquel viejo árbol poseía un simbolismo especial—, pero sorprendentemente en este punto Pierre Plantard nos ofrece una singular interpretación: la «tala del olmo» representaría una ruptura en el seno de la Orden del Temple, que daría lugar a la creación de una nueva orden, Ormus. Así, según Plantard, Ormus y el Priorato de Sión serían una misma cosa.

Como verán, ese origen templario del Priorato de Sión, con aquella escisión llamada Ormus, se irá enrevesando con el paso del tiempo, hasta llegar a su máxima expresión en aquellos legajos secretos que Pierre Plantard fue depositando en la Biblioteca de París entre 1964 y 1967. Y, sobre todo, en aquel último panfleto, el de abril de 1967, titulado *Dossiers secrets d'Henri Lobineau,* en donde aparecía la famosa lista de los grandes maestres del Priorato de Sión, y en donde se narraba la sorprendente historia de la Orden, enlazándola con la Orden de Sión, ya saben, aquella organización que incluso habría precedido al Temple. Y aquí, por fin, entrarían en escena nuestros queridos merovingios, en forma de linaje secreto que se habría ido mezclando a lo largo de los siglos con la nobleza francesa. En fin, ya conocen la trama...

Un salto de fe

Y como ya vimos en su momento, dicha trama acabaría cuajando en 1967, en *El oro de Rennes*. Pero las consecuencias del éxito de aquel libro acabarían sorprendiendo al mismísimo Plantard…

Pues bien, resulta que, en 1969, un guionista de televisión inglés llamado Henry Lincoln, durante unas vacaciones en Francia, se encontró con el libro de Gérard de Sède y Pierre Plantard, y claro, se quedó literalmente atrapado por aquella fascinante historia. Tanto, que acabaría realizando un documental para la BBC sobre el tema, que se estrenaría el 12 de febrero de 1972 con el título *The Lost Treasure of Jerusalem*. Fue tal el éxito de aquel documental que la BBC apostaría por una segunda parte, *The Priest, the Painter and the Devil*, estrenada en octubre de 1974. Y como no hay dos sin tres, en noviembre de 1979 saldría a la luz el tercer documental de Henry Lincoln, *The Shadow of the Templars* —esta vez ya con la colaboración de Michael Baigent y Richard Leigh, a quienes había conocido en 1975—. De hecho, aquella colaboración acabaría por gestar en 1982 una obra fundamental en esta trama: *El enigma sagrado*.

Como ya saben, aquí se desarrollaba la increíble teoría «plantardiana» —sí, aquella que procedía de aquellos legajos secretos depositados en la Biblioteca Nacional de París entre 1964 y 1967—, pero, además, sus autores nos proponían un espectacular salto de fe al plantear que los merovingios, en algún punto del pasado, se habían mezclado con la estirpe descendiente de Jesucristo y María Magdalena, dando lugar a un linaje real sagrado. Y claro, el custodio de ese gran secreto —secreto que en realidad era el mítico Santo Grial, la *Sang Raal* o Sangre Real, como le denominan los autores en el libro—, no sería otro que el Priorato de Sion. Es más, todo aquello nos llevaba a una sorprendente conclusión: Pierre Plantard no tan solo sería el último miembro de aquel linaje, es decir, el último merovingio, sino que también era el último descendiente de Jesús y la Magdalena. Fascinante, ¿verdad?

Pero claro, eso último no aparecía por ningún lado en su bien urdida trama, ni se hallaba en ninguno de aquellos legajos secretos que había confeccionado con tanto esmero. Sin embargo, estarán conmigo en que a Plantard aquello le debió resultar de lo más satisfactorio. ¿Cómo no se le había ocurrido a él? ¡El último descendiente de Jesús de Nazaret y María Magdalena!

Pierre Plantard, el creador de mitos.

En cualquier caso, *El enigma sagrado* encumbró la historia de Rennes-le-Château a nivel internacional, y la figura de Pierre Plantard, siempre controvertida, alcanzó una fama inesperada. Sin embargo, muy pronto habrían de surgir las primeras críticas sobre la veracidad de sus afirmaciones, surgiendo diversas campañas difamatorias, que a la postre provocaron su renuncia como gran maestre del Priorato de Sion el 10 de julio de 1984 alegando motivos personales y de salud —tres años antes, el 17 de enero de 1981, había sido nombrado gran maestre de la Orden—. A partir de este momento, la sombra de Plantard parece desvanecerse, desapareciendo durante cinco largos años de la escena pública. ¿Qué estaba tramando?

La última vuelta de tuerca

Cuando en 1989 por fin reaparece Pierre Plantard, deja atónitos a propios y a extraños. De pronto, nuestro «embaucador favorito» parece negarlo todo, ofreciendo una nueva y desconcertante versión de la trama, en la cual el Priorato de Sion ya no tiene nada que ver con la Orden del Temple, ni ha sido fundado en el siglo XI, sino que su creación es mucho más reciente.

El retorno de Plantard viene acompañado de la reaparición de aquel antiguo boletín que él mismo había creado en 1942 para la Orden Alpha-Galates, ¿recuerdan? Así pues, en el primer número de la renacida *Vaincre*, del 1 de abril de 1989, Plantard nos dice que «el Priorato de Sion fue fundado el 19 de septiembre de 1738 en Rennes-le-Château por François de Hautpoul y Jean-Paul de Negre».

Curiosamente, tres días después, en una nueva carta, Plantard nos propone una nueva fecha:

> «La mayoría de los miembros de Sion creen, como yo mismo, que la fundación del Priorato se remonta al 17 de enero de 1681, en Rennes-le-Château. Sin embargo, pese a nuestras investigaciones, estamos en la imposibilidad de dar con un documento que pruebe y confirme esta fecha».

Pues bien, parece ser que dicho «documento» finalmente apareció, ya que, en otra carta, esta vez datada del 6 de julio de 1989, Plantard nos cuenta que «las actas encontradas en Barcelona prueban su creación en 1681 en Rennes-le-Château».

¿1738? ¿1681? ¿Rennes-le-Château? ¿Actas de Barcelona? ¿Qué había pasado con los templarios? ¿Y los merovingios? ¿A qué se debía aquel cambio de opinión tan radical? ¿Por qué había decidido desmontar de un plumazo aquella fabulosa trama que había defendido a capa y espada durante más de treinta años? No lo sabemos. Lo cierto es que en la tercera entrega de su renacido boletín *Vaincre*, ya no es Pierre Plantard quien nos ofrece una nueva luz sobre el asunto, sino su hijo Thomas Plantard, el nuevo gran maestre del Priorato de Sion[67].

Allí, Thomas Plantard nos dice que

> «desde finales de 1939 se han localizado en Barcelona algunos archivos del Priorato de Sion, donde el conde de Saint Hillier los depositó anticipándose a los acontecimientos que habían de conducir a la Segunda Guerra Mundial».

Pero, además, nos cuenta que, gracias a dichos documentos,

> «ahora ya somos capaces de establecer oficialmente que el Priorato de Sion no tiene conexión directa ni indirecta con la Orden del Temple, ni con la fantástica sucesión de grandes maestres que le han atribuido autores como Philippe Toscan, Mathieu Paoli, Henri Lincoln, Michael Baigent, Richard Leigh, etc., y que derivan meramente de la imaginación de la gente y del reino de la fantasía».

Y así, el castillo de naipes se acaba desmoronando de un soplido. Pero, sorprendentemente, un nuevo castillo empieza a erigirse ante nuestros ojos, cuando el flamante nuevo gran maestre de la Orden asegura que

> «los orígenes del Priorato de Sion son actualmente bastante modestos. El Priorato proviene del Razès, y es solamente un más o menos directo sucesor de los Hijos de San Vicente, y (probablemente) de la Compañía del Santísimo Sacramento fundada en 1629 por Henri de Levis. Teóricamente fue disuelta en 1665, aunque cincuenta años más tarde todavía existían algunos de sus adeptos secretos».

67 En una carta del 6 de julio de 1989, Pierre Plantard nos dice lo siguiente: «Visto mi estado de salud y mi edad, es deber mío dejar el cargo a mi hijo Thomas, quien, estoy convencido, asumirá con gran firmeza, entrega y competencia la pesada tarea de continuar nuestra obra por la unidad y por la paz».

Y añade: «Ahora sabemos que el Priorato de Sion se remonta al 17 de enero de 1681, teniendo como fundador a Jean-Timoleon Nègri d'Ables, con la participación de Blaise d'Hautpoul (+1694) y el abate Amdré-Hercule de Fleury (+1743)».

Como ven, no hay deconstrucción sin construcción, y ahora, una vez eliminado aquel mítico pasado templario, se empieza a crear otro, más cercano en el tiempo, en el siglo XVII, y esta vez en el seno de la familia de los Hautpoul, los señores de Rennes. El origen del Priorato de Sion pasa a ser, pues, Rennes-le-Château, reivindicándose nuevamente, y ahora con más fuerza que nunca, como el centro neurálgico de aquella trama.

Tanto es así, que el propio Thomas Plantard en aquel mismo artículo del tercer número de *Vaincre* nos cuenta que

> «un cierto número de documentos (se está refiriendo a los documentos de la Orden) quedó en manos de los Habsburgo. Más tarde los Habsburgo entraron en contacto secreto con los abates Bérenger Saunière y Henri Boudet (de los dos Rennes), entre los años 1890 y 1914, con el propósito de entablar negociaciones».

El nuevo castillo de naipes volvió a alzarse en todo su esplendor.

Llegados a este punto, seguro que se estarán preguntando: ¿qué pasa con la conexión merovingia en esta nueva trama? ¿Qué fue de aquella obsesión de Pierre Plantard por los reyes melenudos? La verdad es que, eliminado Plantard padre de la ecuación —tras confesar en sede judicial en 1993 que todo había sido una gran mentira, acabaría muriendo el 3 de febrero de 2000—, los merovingios se diluyeron con él. En la nueva trama del Priorato de Sion, éstos ya no tenían cabida.

Atrás quedaron sus inverosímiles pretensiones de ser el último merovingio, el último eslabón de aquel linaje secreto que no se había terminado con Dagoberto II, sino que había continuado en la sombra gracias a la supervivencia de su hijo Sigeberto IV y que se había ido mezclando a lo largo del tiempo con la nobleza francesa. Ya saben.

Atrás quedó también aquel *Cercle du Lys* en el tímpano de la iglesia de Santa María Magdalena en Rennes-le-Château —según la versión de *El oro de Rennes*, ¿recuerdan?—, una clara alusión a aquel partido merovingio que pretendía el regreso al trono de Francia de los descendientes de Chilperico.

Y atrás quedaron las evidencias presentadas por Plantard de la presencia de los reyes merovingios en Rennes-le-Château, como cuando mantenía en uno de aquellos legajos secretos que Magdala, la mujer de Sigeberto IV, era en realidad la que había dado su nombre en la iglesia de Rennes-le-Château —ambos habrían sido inhumados allí en el siglo VIII, y quinientos años más tarde, a finales del siglo XIII, se habría hallado su tumba bajo la iglesia de *Santa María de Reddis*, en aquel tiempo todavía consagrada a la Virgen María, por lo que se pensó que aquellos eran los restos de la Magdalena, procediéndose a cambiar la advocación de la iglesia, que a partir de aquel momento pasaría a llamarse iglesia de Santa María Magdalena—; o como cuando en aquel panfleto depositado por Plantard en junio de 1966 en la Biblioteca Nacional de Francia, *Pierres Gravées du Languedoc*, de Eugène Stüblein, aparece la imagen retocada de la llamada «Losa de los Caballeros», extraída del *Bulletin de la Société d'études scientifiques de l'Aude* de 1927, con un curioso pie de foto: «*Rennes-le-Château (Aude) 771, lápida del sepulcro de los príncipes Sigeberto* IV, Sigeberto V y Bera III en la iglesia de Santa María Magdalena»[68].

¿Realmente la trama merovingia había sido una mera invención de Pierre Plantard? Sí y no. Pronto echaremos un vistazo a la controvertida «Losa de los Caballeros» y quizá encontremos algunas pistas que nos arrojen un poco de luz a este galimatías.

Pero antes déjenme hablarles de un nuevo *Cercle du Lys*, uno que Plantard escondió de manera sibilina en el lugar más insospechado…

---

68 Según los autores de estos panfletos —es decir, Pierre Plantard—, Sigeberto V y Bera III serían los sucesores de Sigeberto IV, y los tres estarían enterrados bajo la iglesia de Rennes-le-Château, en una cripta sellada por la Losa de los Caballeros.

Et in Arcadia *Plantard*

¿Recuerdan aquel legajo de 19 páginas que Pierre Plantard había depositado en agosto de 1965 en la Biblioteca Nacional de Francia? ¿Aquel que llevaba por título *Les descendants mérovingiens ou l'énigme du Razès wisigoth*, y que se la atribuía a una tal Madeleine Blancasall?

Pues resulta que, además de, como vimos, conformar el esqueleto argumental de *El oro de Rennes* —que se publicaría dos años más tarde—, en aquel panfleto aparecía por primera vez el presunto «blasón de los duques del Razés y condes de Rhedae» con la siguiente leyenda: «De gueules à cercle et fleur de lys d'or» («De gules con círculo y flor de lis»). Sí, aquello era un auténtico *Cercle du Lys*. Y bajo el mismo, una especie de cartela de pergamino con una inquietante frase en latín a medio terminar: *ET IN ARCADIA EGO...*

De nuevo, Plantard estaba conectando a los descendientes de Sigeberto IV con Rennes-le-Château.

Sin embargo, 25 años más tarde, aún iría mucho más lejos en sus pretensiones. Así, en el número de abril de 1990 de la renacida revista *Vaincre* —aquel antiguo boletín que él mismo había creado en 1942 para la Orden Alpha-Galates—, aparecería un nuevo blasón, una vez más con el *Cercle du Lys* en la parte central y la cartela con la frase latina *ET IN ARCADIA EGO...*, pero ahora con una nueva cartela en la que podía leerse: *PLANTARD DE SAINT CLAIR*[69]. Es decir, que el *Cercle du Lys* pasaba a ser el escudo oficial de la familia Plantard.

---

69 Una vez asumida su descendencia real merovingia, Plantard adoptaría el nombre de «Pierre Plantard de Saint Clair».

Blasón de los duques del Razés y condes de Rhedae.

Pero aún había algo más. Dicho blasón se encontraba flanqueado por dos osos rampantes —no sé si lo sabrán, pero el oso era el símbolo totémico por excelencia de los merovingios—, y sobre la cartela superior se posaban 11 abejas —ya hablamos de la simbología de las abajes para los reyes melenudos y su relación con la flor de lis—. Blanco y en botella.

Pero ¿de dónde venía aquella misteriosa frase latina?

Seguro que recuerdan que la *Belle Histoire* nos contaba —de hecho, nos lo dice en 1967 Gérard de Sède en *El oro de Rennes*— que Bérenger Saunière, durante una de sus visitas al Louvre, presuntamente había comprado reproducción de *Les Bergers d'Arcadie* (Los pastores de la Arcadia) de Nicolas Poussin, ¿verdad? En aquel célebre cuadro (1637), el pintor francés —aunque había nacido en la Normandía en 1594, Poussin desarrolló su gran labor pictórica en Italia— había representado a tres pastores y una mujer mirando la inscripción labrada en una tumba, «ET IN ARCADIA EGO». Esta es una de esas expresiones elípticas, donde el verbo debe ponerlo el propio lector. Y en este caso, dicho verbo sobreentendido debe, por tanto, ser inequívocamente sugerido por las palabras que forman la frase. Así, podríamos traducir la frase como «Incluso en la Arcadia estoy yo», donde se deduce que la críptica sentencia no se le atribuye a un simple pastor que ha fallecido en la Arcadia, sino a la propia muerte. En definitiva, se trataría de un claro recordatorio sobre la vanidad de las cosas humanas frente a la muerte, una temática muy frecuente en el barroco, ya que la Arcadia, aparte de ser una provincia de la antigua Grecia, era un país imaginario descrito por diferentes poetas y artistas, sobre todo durante el Renacimiento y el Romanticismo, en el que reinaba la felicidad, la sencillez y la paz y en el que vivían pastores en absoluta comunión con el medio. Es decir, un lugar utópico que nos retrotrae a la mítica Edad de Oro o al Paraíso. Pero Poussin nos recuerda con su obra que incluso allí la muerte está presente. Inquietante.

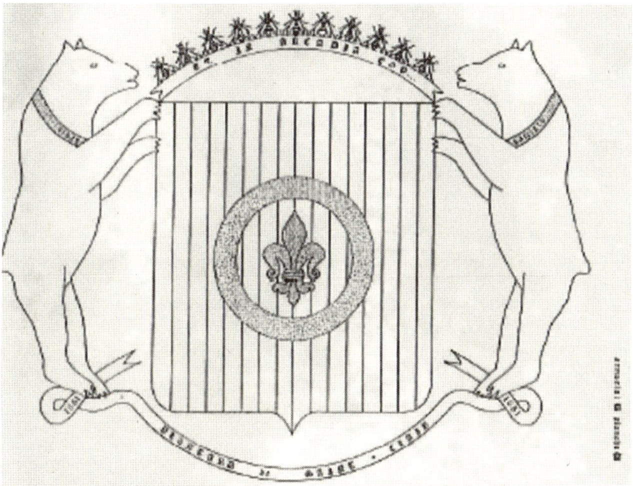

Escudo de la familia Plantard de Saint Clair.

De hecho, aquella frase ya se había dado a conocer en 1618 en un cuadro de Giovanni Francesco Guercino titulado precisamente así, *Et in Arcadoa ego*, en donde aparecen dos pastores frente a un muro de piedra en ruinas, con la famosa inscripción, y sobre el que reposa una calavera de grandes dimensiones.

Es más, la frase también aparecía en un cuadro anterior de Poussin —actualmente en la mansión Chatsworth House, en Derbyshire, Inglaterra— con la misma temática y el mismo título (1630). En él aparecía una calavera sobre una tumba, con la misma inscripción, y también con dos pastores y una mujer postrados ante ella, leyendo la enigmática frase con expresiones curiosas. Y en el primer término, el dios fluvial Alfeo, señor de las corrientes subterráneas. Sin duda, en aquella primera versión, Poussin se inspiró claramente en el cuadro de Guercino.

Los pastores de la Arcadia de Nicolas Poussin (Segunda versión, 1637).

Pero lo que realmente ha llamado la atención de la segunda versión de *Los pastores de la Arcadia* es el paisaje del fondo. A primera vista, parece un lugar normal, podríamos decir que fruto de la imaginación del autor, emulando quizás a la vegetación de la idílica Arcadia. Sin embargo, algunos han querido ver allí algo más…

En 1972 —cinco años después de *El oro de Rennes*—, Gérard de Sède publicaría un artículo en la revista *Le Grand Albert*, titulado «Le secret de Nicolas Poussin; promenade initiatique dans le Gorges de l'Aude» («El secreto de Nicolas Poussin; un paseo iniciático por las gargantas del Aude»), firmado juntamente con Jean Pellet, en el que se relacionaba la tumba del cuadro de Poussin con un lugar real: Les Pontils.

En el segundo documental de Henry Lincoln, *The Priest, the Painter and the Devil* (El cura, el pintor y el diablo), estrenado en octubre de 1974, por primera vez se muestra la tumba de Les Pontils, relacionándola, claro está, con las elucubraciones de De Sède.

Así pues, ocho años después, en 1982, Baigent, Leigh y Lincoln, en *El enigma sagrado*, colocaron definitivamente dicha tumba en el mito de Rennes-le-Château cuando sentenciaron:

> «A principios del decenio de 1970 se localizó una tumba auténtica que era idéntica a la del cuadro. Idéntica por su ubicación, sus dimensiones, sus proporciones, su forma, la vegetación que la rodeaba, incluso por el crestón circular de roca sobre el que apoya el pie unos de los pastores de Poussin. Esta tumba se encuentra en las afueras de un pueblo llamado Arques[70]».

Antigua tumba de Les Pontils, hoy desaparecida.
¿Igual a la del cuadro de Nicolas Poussin?

70 Además, Lincoln se dio cuenta de la sorprendente coincidencia que había entre la obra de Poussin y la segunda losa funeraria de Marie de Nègre en Rennes-le-Château, en la que aparecía también la famosa frase de «ET IN ARCADIA EGO», tal y como proponían los *Dossiers Secrets*.

Era más que evidente que, llegados a este punto, Pierre Plantard estaba moviendo los hilos a su antojo…

Sin embargo, una cosa era cierta, en Les Pontils había existido una tumba muy parecida a la del cuadro de Poussin[71]. ¿Cómo era aquello posible?

En realidad, dicho túmulo funerario había sido construido en 1933 por un americano llamado Louis Lawrence, para enterrar a sus familiares. Todo había comenzado en 1880, cuando Louis Galibert y su mujer Elisabeth se instalaron en la zona con la intención de construir una pequeña fábrica de vestimenta militar. Aprovechando la corriente del río, construyeron una turbina eléctrica que proporcionaba la energía necesaria para sus máquinas. Así, en 1903, su nieto mandaría construir una tumba en los alrededores a un albañil de Rennes-les-Bains llamado Bourrel, sobre un pequeño promontorio frente a la carretera, en donde sería enterrada su abuela, Elisabeth Galibert.

El autor sobre lo que queda de la tumba de Les Pontils.

71 Dicha tumba ya no existe, el propietario de la finca, *monsieur* Roussett, la mandó destruir el 9 de abril de 1988.

Poco tiempo después, Louis Galibert abandonaría la zona, trasladando su fábrica a Limoux, y transfiriendo los restos de su difunta esposa al cementerio de dicha localidad en 1921. La propiedad de Les Pontils fue puesta en venta, y no tardaría en ser adquirida por Madame Emily Rivarès, una mujer francesa nacida en Paterson, Estados Unidos, y su hijo Louis Lawrence, nacido el 25 de octubre de 1884 en Hartford, Connecticut. También los acompañaba la madre de Emily, Marie Rivarès, quien moriría el 28 de noviembre de 1922, y seria enterrada en la tumba familiar de los Galibert en Les Pontils.

Algún tiempo después, en 1932, Louis Lawrence hizo lo mismo con el cadáver de su madre, Emily Rivarès, quien a partir de entonces también yace en esa tumba, en compañía de dos gatos también momificados. Fue entonces cuando monsieur Lawrence mandó edificar la tumba en forma de paralelepípedo, tal y como sería encontrada años más tarde por Gérard de Sède.

Es más, como hemos podido comprobar personalmente, en su interior aún se conservan dos ataúdes... Pero esa ya es otra historia.

Regresemos ahora a la controvertida «Losa de los Caballeros» y busquemos las pistas que quizá nos lleven a algunas conclusiones sorprendentes. Vamos...

¿Y si Plantard tenía razón?

Una de las piezas más enigmáticas de este entramado es, sin duda, la «Losa de los Caballeros». Esta losa fue encontrada por Saunière ante el altar durante las obras del alicatado de la iglesia, entre los años 1887 y 1891, aunque en este punto, la documentación de que disponemos es bastante confusa. A partir de este momento, la losa iniciaría un largo periplo que la situaría en diferentes ubicaciones. Primero, según nos decía el *Bulletin de la Société d'études scientifiques de l'Aude* de 1906, ocupó uno de los peldaños del calvario del jardín; más tarde, en 1927, la losa se encontraba en la base del monumento de los muertos de la Primera Guerra Mundial, junto a la puerta de acceso a la iglesia; y en 1947, sería trasladada al Museo Lapidario de Carcassonna, donde estuvo expuesta hasta 1958, para acabar regresando definitivamente a Rennes-le-Château.

Lo curioso es que para el *Musée Bérenger Saunière* de Rennes-le-Château —donde actualmente se expone la losa—, esta enorme piedra tallada de 131x82x8 ha sido datada oficialmente en el año 771, por lo que evidentemente tiene un origen carolingio. Punto. Pero lo cierto es que no existía un consenso claro sobre este asunto. Hay quien sostenía que allí se veían representados dos jinetes templarios a lomos de un caballo —emulando el famoso sello de los caballeros templarios—; o que, en realidad, se trataba —como mantenía la trama «plantardiana»— de un caballero con un niño en brazos, que podría representar el rescate de Sigeberto IV ya saben, el hijo de Dagoberto II, que habría sido salvado de las manos de sus asesinos cuando en 679 se intentó poner fin a la dinastía merovingia en el bosque de Woëvre, en las proximidades de Stenay.

Sea como fuere —y dejando al margen la manipulada mención que se hacía en aquel *Dossier* depositado por Plantard en junio de

1966 en la Biblioteca Nacional de París, *Pierres Gravées du Languedoc*, de Eugène Stüblein—, la primera referencia creíble la encontramos en el tomo XVIII del *Bulletin de la Société d'études scientifiques de l'Aude* de 1906, concretamente en un artículo titulado *Excursion du 25 de juin 1905 a Rennes-le-Château*, escrito por un tal M. Elie Tisseyre. Allí se dice lo siguiente:

> «Sin embargo, en un pequeño jardín contiguo a la iglesia, uno de los nuestros reconoció en una losa burdamente esculpida o más bien grabada un antiguo vestigio que dataría del siglo V; es lamentable que esta losa sirva de peldaño de escalera y sea expuesta fuera a todas las inclemencias. Su sitio sería mucho mejor dentro de la iglesia y reemplazaría ventajosamente cualquier tablero pintado o dorado».

Es más, existe una segunda mención de la losa, de nuevo en otro boletín de la *Société d'études scientifiques de l'Aude* (SESA), esta vez en 1909, en un artículo titulado *De Campagne-les-Bains à Rennes-le-Château*, escrito por M. A. Fages:

> «Al pie de la Cruz de Misión, destacamos una lápida que fue descubierta, en el momento del enlosado de la iglesia, colocada plana delante del altar. Es de arenisca muy desmenuzable y la belleza del trabajo no habría desaparecido hace tiempo, desde su descubrimiento, si el diseño hubiera estado boca abajo. Vemos a dos caballeros lanza en puño dentro de un decorado ojival: ¿será la reproducción de un torneo?»

Ahora bien, habrían de pasar dieciocho años para encontrar una nueva mención de la losa en la SESA. Será en el tomo XXXI de 1927, y allí aparecerá la imagen más antigua de la lápida de que disponemos. Se trata de un dibujo realizado por el pintor Jacques Ourtal, junto al que Henry Guy nos hace una breve descripción, afirmando que se trata de una lápida carolingia datada en año 711. Y añade:

> «Actualmente en el jardín que precede al cementerio colocada plana donde se está desmoronando, cubierta con tierra y hojas, y sirve como una plataforma para monumento de recuerdo. Detalle curioso, la parte esculpida estaba hacia el interior, la parte sólida hacia el exterior».

Como es lógico, tantos cambios de ubicación han ido en detrimento de la conservación de pieza, y la losa se ha ido deteriorando con el paso del tiempo, así como la definición de las figuras allí grabadas. Pero, hagamos un esfuerzo e intentemos identificar qué hay representado en la «Losa de los Caballeros».

Dibujo de la losa, realizado por Jacques Ourtal. Boletín de la *Société d'études scientifiques de l'Aude* (SESA) 1927.

De entrada, vemos dos escenas que guardan una cierta simetría —luego volveremos con el tema de la simetría—: En la escena de la izquierda, en el interior de un arco sostenido por dos columnas (todo ello muy erosionado), intuimos una figura de pie que se encuentra situada detrás de lo que parece ser un caballo. El personaje mantiene en todo momento una posición frontal (mirando a cámara) y en su mano derecha sostiene lo que parece ser una espada, mientras que en su brazo izquierdo creemos identificar, a la altura del codo, lo que podría ser un escudo.

Por otro lado, en la escena de la derecha —también dentro de un arco sostenido por dos columnas (aquí se aprecia mucho mejor su decoración)—, se puede distinguir claramente a un jinete a caballo portando dos objetos en sus manos: en una, de nuevo una espada (o tal vez una lanza); y en la otra, una vez más una forma circular, ¿otro escudo?

Ahora bien, tratar de identificar aquellas escenas en el dibujo de Jacques Ourtal de 1927 era todo un desafío. Incluso si acudíamos a un par de fotografías existentes de la lápida —una de 1935, realizada por un tal Rougé, cuando la losa se encontraba a los pies del calvario; y otra de 1958, perteneciente al Ministerio de Cultura y tomada por *Monsieur* Ferrat—, la tarea no era nada fácil. Era necesario, pues, acudir a la fuente original, y esta, como ya vimos, se encontraba en el *Musée Bérenger Saunière* de Rennes-le-Château. Y allí nos dirigimos…

Era el puente de Todos los Santos del año 2015, y por enésima vez, Xavi Bonet —investigador y amigo— y un servidor decidimos pasarlo en Rennes-le-Château. Habíamos estado allí en incontables ocasiones, pero esta vez nuestro objetivo era muy concreto: enfrentarnos cara a cara con la «Losa de los Caballeros» y desentrañar su secreto.

—¿Estás preparado? —me preguntó Xavi encendiendo la linterna de su *smartphone* justo delante de la lápida—. Vamos a descubrir de una vez por todas qué se esconde en esta maldita losa.

Aquel fue el inicio de varias horas de encierro voluntario en el interior del museo, escrutando milímetro a milímetro la superficie de la losa. Mientras la luz de su dispositivo móvil iba recorriendo todos y cada uno de aquellos relieves, nuevas sombras se proyectaban en la deteriorada superficie de la piedra.

—Fíjate en esto, Enric —me indicó Xavi iluminando la figura de la escena de la izquierda—. No se ve por ninguna parte aquella especie de escudo que aparecía en el dibujo de la SESA de 1927. ¿Lo recuerdas? ¡Qué extraño!

Efectivamente, allí no había ni rastro de aquel objeto. Cierto es que el desgaste sufrido por la piedra había sido intenso, pero no dejaba de ser desconcertante que no se intuyera ni el más mínimo esbozo de aquel escudo.

—¿No podría ser —le solté a bocajarro— que ya en 1927 esa parte estuvieran tan deteriorada que el autor del dibujo se inspirara en la imagen de la derecha para recomponer la escena? Mira —le dije señalando la otra figura—, aquí sí que ve claramente una mano sujetando un objeto redondo, ¿verdad?

—Ummm, es posible —Xavi hizo una mueca mientras proyectaba la luz sobre la segunda figura—. ¿Te has fijado en esto? La mano del jinete está sujetando las riendas del caballo. Enric, para mí esto no es ningún escudo... ¿Has oído hablar del «Cristo caballero»?

Aquella pregunta me descolocó.

—¿El «Cristo caballero»? —repetí con voz temblorosa— Nunca había...

—Mira esta imagen y dime qué te parece —me interrumpió mientras me mostraba la pantalla de su *smartphone*.

Allí se distinguía lo que parecía ser un anillo de sello dorado de forma circular con dos figuras grabadas. Una era un caballo con la cabeza mirando hacia el suelo y la cola en posición de calma; y la otra, un jinete montado a su grupa, portando una especie de cruz en una de sus manos, y algo parecido a una espada en la otra. Y por debajo de ellos, las apocalípticas Alfa y Omega completaban la escena. ¿A qué me recordaba todo aquello?

—Se trata de un anillo merovingio de oro encontrado en Chelles, un municipio francés situado en el departamento de Oise —se apresuró a ilustrarme Xavi, viendo que yo era incapaz de articular palabra alguna—. Fíjate en la figura central. Es lo que los expertos llaman «Le Christ Chevalier», el «Cristo caballero», un icono que aparece en multitud de objetos de la época y en el que se representa a Jesús portando los atributos, o símbolos de poder, típicos de un caudillo o de un guerrero merovingio, es decir, espadas, hachas, lanzas, cruces. Ahora compara estas dos escenas —dijo finalmente colocando la pantalla de su dispositivo móvil junto a la primera imagen de la losa.

No daba crédito a lo que veían mis ojos. El parecido entre ambas representaciones era sorprendente. La misma posición del caballo; el mismo gesto del jinete, llevando un elemento similar en cada mano. Bien, en realidad no era así: según el dibujo de la SESA de 1927, en su brazo izquierdo, a la altura del codo, la figura portaba lo que parecía ser un escudo, y tanto en la losa que teníamos delante, como en las dos fotografías que habíamos estudiado, la de 1935 y la de 1958, no se apreciaba ni rastro de aquel objeto. ¿Y si no había existido nunca? ¿Y si originalmente sostenía una cruz?

—Ahora mira esta otra imagen —me espetó Xavi, sacándome de mis elucubraciones y colocando una vez más su *smartphone* frente a mis ojos.

De nuevo, allí estaba aquella misma escena, aunque en esta ocasión mucho más esquemática: un caballo con su jinete (mirando a cámara), y portando en sus respectivas manos una lanza y una especie de hacha. Y a sus pies, un nombre: LANDELINUS.

—¿También es merovingia? —le pregunté, esperando con avidez una respuesta afirmativa.

—Por supuesto. Es una hebilla de cinturón de bronce encontrada en el año 1971 en Ladoix-Serrigny, en la región de Borgoña, en el interior de un cementerio merovingio. Y como ves, de nuevo encontramos al «Cristo caballero», esta vez sujetando un hacha y una lanza.

Xavi me contó, que la pieza había sido fechada a principios del siglo VII, y lo que realmente la hacía única era la decoración y la inscripción en latín que aparecía en ella, que podíamos traducir de la siguiente manera: «Landelinus hizo (una representación de) la Divinidad. El que posea estas cosas, viva hasta el milésimo año en el Señor». En este sentido, el uso de la palabra «numen» no era gratuita, ya que esta era utilizada en ocasiones por los cristianos para designar a Cristo, y, sin duda, su connotación de poder y grandeza divina iba muy bien con la naturaleza de la escena allí representada.

Así pues, la escena nos estaba remitiendo al mismísimo juicio final, al momento en que, al cumplirse los mil años, Cristo derrotaba a Satanás; y en ella vemos, efectivamente, a un «Cristo caballero», armado y triunfante, con un crismón a su derecha, que simboliza el bien, y la Bestia vencida a su izquierda, clara personificación del mal. Sin duda, llamaba poderosamente la atención el carácter belicoso y amenazante de aquella representación de Cristo.

—Es increíble —musité—. ¿Me estás diciendo que en esa primera escena de la «Losa de los Caballeros» está representado el «Cristo caballero» merovingio?

—Espera —dijo Xavi sin responder a mi pregunta—, que aún hay algo más…

Aquella misma noche, en nuestra habitación de *La Chaumière*, el Hotel de Quillan en donde siempre solíamos pernoctar en nuestras frecuentes visitas al Languedoc, repasamos todas las fotografías de la losa que habíamos tomado durante aquellas largas horas de escrutinio.

—Mirando estas imágenes —sentenció finalmente Xavi tras un largo silencio—, creo que deberíamos descartar definitivamente la idea de que en la escena de la derecha de la losa se ven representados dos jinetes a lomos de un caballo, como en el célebre sello de los caballeros templarios. ¿No crees? Para nada eso es la cabeza de un templario...

—Ni la cabeza del pequeño Sigeberto IV —le interrumpí frotándome los ojos.

¿Recuerdan? Eso precisamente es lo que mantenían los *Dossiers Secrets*, que el linaje del último rey merovingio, Dagoberto II, fallecido en el año 679, no se había extinguido, sino que había continuado en la clandestinidad gracias a que su hijo, Sigeberto IV había sobrevivido, refugiándose en Rhedae. Allí, tras tomar el título de conde del Razès, y dejar descendencia, moriría en el 758 y sería enterrado en la iglesia, bajo la «Losa de los Caballeros». Y eso es lo que estaba representado en ella, un caballero con un niño en brazos, es decir, Sigeberto IV en brazos de su padre Dagoberto II, en aquella dramática escena en la que el pequeño heredero había sido salvado de las manos de sus asesinos.

—Tienes razón. —Xavi buscó en su galería una imagen ampliada de aquella escena—. Fíjate, es un círculo perfecto, y está sobre la mano del caballero... ¡Lo está sujetando!

Cierto. Eso era exactamente lo que parecía: mientras que con una mano el caballero agarraba con fuerza una especie de lanza, con la otra sostenía aquella singular esfera.

—Hace tiempo que le vengo dando vueltas a esta inquietante escena —me confesó hurgando de nuevo en la pantalla de su dispositivo—. Mira esta imagen...

—Parece una moneda romana, ¿no? Pero ¿qué tiene que ver esto con el grabado de la losa?

Efectivamente, era una moneda del emperador romano Marco Aurelio Carino, me contó Xavi. Y en ella aparecía el propio emperador portando una lanza en una mano, y una esfera en la otra, o lo que es lo mismo, el símbolo del poder militar, y el símbolo del poder religioso. Esta iconografía romana era bastante común en su tiempo. No olvidemos que la legitimización del poder solía representarse mediante símbolos. Y los emperadores romanos fueron unos auténticos maestros en estos ardides.

Pero resulta que los reyes merovingios también habían hecho lo mismo, apropiándose de algunos de aquellos símbolos de poder romanos con la clara intención de legitimarse en el poder. Así, los artesanos merovingios intentaron imitar la maestría de los grabadores romanos, aunque sin demasiado éxito, ya que a mendo el resultado final dejaba mucho que desear. Sin embargo, la iconografía era exactamente la misma.

—Y ahora, observa esta otra —Xavi volvió a mostrarme otra imagen—. Hace unos días me topé con esta fotografía. Es una placa de barro cocido, fechada en el periodo merovingio de la alta edad media, que fue encontrada en Le Broc, en el departamento francés de Puy-de-Dôme. Sin duda, formaba parte de un ajuar funerario que recubría las paredes alguna tumba. Fíjate en lo que lleva este personaje en sus manos.

—¡La lanza y la esfera!

—¡Exacto! —replicó Xavi alzando la voz—. Aunque mejor deberíamos decir: el *pilum* y el orbe, los símbolos romanos del poder militar y religioso. Pero eso no es todo…

Xavi me explicó que, en época merovingia, tanto caudillos como reyes eran representados con esos atributos de poder heredados de los romanos, a la vez que eran identificados directamente con Cristo. Así, aquella imagen grabada en la placa de barro cocido era, ni más ni menos, una figura de Cristo vestido como un guerrero merovingio.

—Pero, entonces… —balbuceé con la voz más grave de lo normal, sin apartar la mirada de aquella figura.

—Espera, espera, Enric. Antes de que digas nada más, te propongo dar un último salto de fe. Observa ahora la escena de la derecha de la «Losa de los Caballeros» a la luz de todo esto que acabamos de decir. ¿Qué ves?

—No me lo puedo creer —Mis ojos parecían querer salirse de sus órbitas—. ¡El caballero de la losa lleva en sus manos el *pilum* y el orbe!

—Así es —Xavi se mostraba exultante—. Y no solo eso. Ambos atributos de poder le confieren un rango distinto: no solamente es un caballero, ¡es el «Cristo caballero»!

—Entonces —insistí—, el personaje de la escena de la izquierda de la losa y el de la derecha son…

—… el mismo.

Ahora lo veía claro. Y aquella especie de simetría que me había parecido percibir en la losa, ahora cobraba todo su sentido. En el fondo, las dos escenas representadas en ella no eran más que las dos viñetas de un mismo cómic, en donde se estaba narrando una misma historia, la historia de un personaje, rey o caudillo, ataviado con los elementos de poder heredados de los romanos. En definitiva, el «Cristo caballero» merovingio.

—Entonces, ¿la «Losa de los Caballeros» es merovingia?

—Visto lo visto, es más que probable… —A Xavi le brillaban los ojos— Aunque seguimos sin saber si formaba parte de un féretro de piedra y quién estaba enterrado debajo. Recuerda que, según Pierre Plantard, allí estaba el cuerpo de Sigeberto IV…

Aquellas palabras me hicieron pensar en uno de los elementos que más me llamaron la atención el día que pude entrar por primera vez en el cementerio de Rennes-le-Château…

Sobre la fría piedra del muro exterior de la iglesia de Santa María Magdalena, podía distinguirse una línea de varios centímetros de grosor, de una tonalidad mucho más clara, que atravesaba longitudinalmente toda la pared norte del templo a varios metros de altura. Era lo que los historiadores franceses conocían como una *litre funeraire*, una incrustación de piedras más claras que rodeaban una iglesia, cuya presencia indicaba que un personaje de alto grado o de sangre real se encontraba allí enterrado. ¿Era eso lo que sucedía en la iglesia de Rennes-le-Château? ¿La «Losa de los Caballeros» era una clara evidencia de ello?

Bien, sabíamos que en un antiguo registro parroquial de los siglos XVII y XVIII, se hacía alusión a las tumbas de los Señores de Rennes bajo la iglesia de Rennes-le-Château. Del mismo modo, el testamento de Henri d'Hautpoul del 24 de abril de 1695 también hacía referencia a la existencia de una necrópolis bajo el suelo del templo. Pero ¿justificaba aquello la presencia de una *litre* alrededor de la iglesia? De hecho, la litre consistía en un derecho señorial aparecido en el siglo XII, que permitía a los señores del lugar ser enterrados en el interior de las iglesias, colocando una banda negra decorada con sus armas alrededor del templo, tanto en el exterior como en el interior de este. Este derecho se extendería entre los nobles de finales del siglo XVII, hasta que finalmente sería abolido, junto a los otros privilegios nobiliarios, por la Asamblea Constituyente de 1790. Así, pues, la *litre funeraire* de Rennes-le-Château sería colocada tras la muerte de François-Pierre d'Hautpoul, a finales del siglo XVII, y definitivamente eliminada por la Revolución en 1791 o 1792.

De acuerdo, allí abajo había una o varias tumbas nobles, pero ¿eran tumbas merovingias, tal y como sostenía Plantard? Me temo que, a pesar de las pistas arrojadas en este sentido por la «Losa de los Caballeros», nunca lo sabremos a ciencia cierta. Siempre nos quedará la duda: ¿Y si Plantard tenía razón?

Sea como fuere, lo cierto es que Pierre Plantard había tejido una endiablada trama alrededor de sus queridos merovingios, trama que se expandía desde un epicentro muy concreto: Rennes-le-Château. Y había sido precisamente allí donde él había estampado su firma, en una clara declaración de intenciones sin precedentes. Ya saben, en aquella fotografía trucada del tímpano de la iglesia de Santa María Magdalena —en la página 112 de *El oro de Rennes*— en donde aparecía *Le Cercle du Lys*, una explícita alusión a aquel partido merovingio que había servido a Plantard de inspiración para sus tejemanejes ególatras.

Y sorprendentemente, el azar —o no— había hecho que en la página 112 de un libro publicado en 1973 por Gérard de Sède, este asegurara que *Le Cercle du Lys* era «el símbolo de los reyes merovingios».

No se inquieten, que ahora hablaremos en profundidad de este libro... Pero, cuidado, si han llegado hasta aquí y se han sorprendido con lo que han leído, aguarden y verán lo que está por llegar. Seguro que no les dejará indiferentes.

Abróchense los cinturones, que vienen curvas...

TERCERA PARTE
¿Merovingios extraterrestres?

La ciudad del diablo

¿De verdad vamos a hablar de extraterrestres en un libro sobre los reyes merovingios? Me temo que sí. Y la culpa la tiene uno de los autores fundacionales del mito de la supervivencia del linaje merovingio —con el permiso de Pierre Plantard— y su conexión con Rennes-le-Château. Ya lo habrán adivinado: se trata de Gérard de Sède.

En 1973, Gérard de Sède publica un libro cuyo título no puede ser más desconcertante: *La race fabuleuse. Extra-terrestres et mythologie mérovingienne.* De hecho, con este ensayo, De Sède cerraba su particular trilogía dedicada a enclaves enigmáticos de la geografía francesa: en *Los templarios están entre nosotros* (1962) se había centrado en Gisors; *El oro de Rennes* (1967), en Rennes-le-Château; y ahora le tocaba el turno a Stenay, una pequeña ciudad de las Ardenas francesas que, presuntamente, albergaba el «secreto» del linaje perdido de los merovingios. Es más, Stenay sería el tercer punto —junto a Gisors y Rennes-le-Château— de lo que algunos han convenido en llamar «le triangle d'or»[72].

En realidad, no es la primera vez que hablamos de Stenay aquí. Como recordarán, cuando relatamos el trágico asesinato de Dagoberto II, dijimos que este había tenido lugar en el curso de una cacería en el bosque de Woëvre, en las proximidades de Stenay, el 23 de diciembre del 679. Y allí —según el esqueleto argumental de *El oro de Rennes*—, es donde su hijo Sigeberto IV habría conseguido escapar de la muerte, dando lugar así a una estirpe que se habría

72 En 1979, un tal Jean-Luc Chaumeil —un antiguo secretario de Pierre Plantard— publicó un libro titulado *Le trésor du triangle d'or*, una obra claramente influenciada por la mitología de los *Dossiers Secrets*.

mezclado con distintas familias nobles de Francia. Ya conocen la historia, ¿verdad?

Stenay es, sin duda, una ciudad llena de misterios —o al menos eso es lo que pretende advertirnos Gérard de Sède—. Además de ser la residencia habitual de Dagoberto II desde el 676, Stenay ya había sido propiedad de Clodoveo I en el 486, y posteriormente, de su hijo Teodorico I (511), quien en el año 530 acabaría fundando allí mismo la capilla de Saint-Rémi. Así, cuando aquel 23 de diciembre del 679, Dagoberto II es asesinado en el bosque de Woëvre, en la fuente de Arphays —luego hablaremos de esa fuente—, el monarca será inhumado en dicha capilla.

Siglos más tarde, en 1076, Stenay pasará a manos de Godofredo de Bouillon —según los *Dossiers Secrets*, el fundador del Priorato de Sion, además de descendiente del mismísimo Dagoberto II—, quien liberaría la ciudad en 1088 del sitio del conde-obispo de Verdún durante una sangrienta batalla de la que aún guarda la memoria el lugar llamado *Champ des Morts*, entre Bronelle y Nepvant. En 1096, antes de partir para la primera cruzada, y para financiar su expedición, Godofredo de Bouillon acabaría vendiendo Stenay y su castillo al príncipe obispo de Verdún[73].

Una ciudad, sin duda, llena de historia. Pero allí había algo más...

Solo bastaba con hacer un rápido recorrido por sus calles para percibir una inquietante «presencia» en las fachadas de algunos de sus edificios: ¡el rostro del diablo! En ocasiones se mostraba jovial, como el que aparecía en el frontón del ayuntamiento; a veces demoníaco, como el de la *Salle des Fêtes*; o con un gesto más triste, como el representado en el *Monument aux Morts*. Incluso podíamos encontrarlo en el escudo de armas oficial de la ciudad. Pero ¿qué significaba aquel diablo?

73 El 7 de junio de 1099, los cruzados iniciaron el sitio de Jerusalén, y ocho días más tarde, Godofredo y su hermano Eustaquio fueron los primeros en entrar en la ciudad. La conquista fue sangrienta: tanto los musulmanes de la ciudad, como la minoría judía, fueron exterminados. Únicamente las minorías cristianas árabes fueron respetadas. Finalmente, Godofredo de Bouillon fue elegido por unanimidad rey de Jerusalén, aunque rechazó ser coronado como rey donde el Señor había sido coronado con la Corona de Espinas, por lo que se tituló como defensor del Santo Sepulcro.

El diablo en el escudo de Stenay en el frontón del ayuntamiento.

Gérard de Sède llega a la sorprendente conclusión de que Stenay antes se llamaba Shatan, y luego Shatenay. De hecho, es el sacerdote Léon Alaime quien le pone sobre la pista. El clérigo le cuenta que, en realidad, la ciudad se llamaba antiguamente *Sadorn Tan*, que significa en germánico «Feudo de Saturno». Y lo cierto es que allí mismo existía un templo dedicado a ese dios, templo sobre el que en el 533 los reyes merovingios de Austrasia —Todorico I, el hijo de Clodoveo— levantaron una iglesia consagrada a Saint Remi. ¿Recuerdan? Es el San Remigio que bautizó a Clodoveo en la catedral de Reims, aquel 25 de diciembre de 496. Más tarde, en el 879, Carlos el Calvo edificaría sobre ella la iglesia de San Dagoberto.

Desgraciadamente todos esos monumentos ya no existen. Y no solo eso, sino que en menos de cien años todos los arqueólogos han perdido la pista de la ubicación de dicha iglesia de San Dagoberto, y de los vestigios que se ocultan debajo. Según algunos, esta permaneció en pie hasta principios del s. XIX, pero según otros, se trataría de una segunda iglesia que llevaría el mismo nombre pero que fue construida en 1609 —año en que fue destruida la primera— en otro punto de la ciudad.

Sin embargo, Gérard de Sède nos cuenta algo sorprendente: a partir de un antiguo grabado del s. XVII, obra de un tal Claude Chastillon, en el que se representa la ciudadela de Stenay tal como era hace más de 300 años, consigue localizar la ubicación exacta de la iglesia de San Dagoberto. En realidad, a la izquierda del grabado, en el centro de la ciudad, puede verse la iglesia de San Gregorio; y a la derecha, cerca de las murallas, la ansiada iglesia del santo merovingio. Así, con ese documento en la mano, De Sède se dedica a recorrer las calles de Stenay, una a una, confrontando los datos y midiendo las distancias, hasta que finalmente consigue localizar el emplazamiento de la iglesia. El lugar, según De Sède, se encuentra a la salida de la ciudad, en dirección a Reims, cerca de la *Gendarmerie*, exactamente bajo dos casas: la de la familia Matton y la que pertenece a *Monsieur* Laplante. De hecho, en la primera aún pueden verse restos de muros, de pilastras que sujetan grandes arcos, así como las cintras que sostenían la torre del campanario; y en la segunda, por su parte, aún puede contemplarse, casi intacta, una puerta de época carolingia.

Sathan, Sathenay, Stenay. Lo cierto es que la primera referencia toponímica de la ciudad la encontramos en el año 714: *Sathanagium* o *Sathonagium*. Y luego, en 1069, la hallamos como *Sathanacum*. Y claro, aquello dio alas un arqueólogo llamado Jeantin, autor del Manuel de la Meuse en 1860 —quien tenía la molesta costumbre de explicar los nombres de los lugares utilizando oscuras referencias hebreas y geológicas—, para ver allí la huella de Satán. Según Jeantin «el nombre de Shatan es al mismo tiempo geológico, cosmogónico y hebreo-celta, lo que constituye la patente de antigüedad más indiscutible de Stenay».

A partir, pues, de 1885, el membrete del ayuntamiento llevaría esa novedad heráldica, y cuando en 1925 se instaló *l'Hôtel de Ville* en su ubicación actual, el arquitecto consideró oportuno esculpir la cabeza del diablo en el frontón. Había nacido «la ciudad del diablo»[74].

Ahora bien, lo que en realidad Gérard de Sède desconocía era la existencia de una obra llamada *Les grandes heures d l'Histoire de Stenay,* escrita por *l'abbé* Vigneron, sacerdote mayor de la ciudad entre 1941 y 1966. Allí, el párroco concluía que Stenay en realidad significaba «Villa de Setinius», en honor a un funcionario romano que hizo numerosas construcciones en la región.

---

74 Quien quiera ver una conexión entre el diablo de Stenay y el de Rennes-le-Château es libre de hacerlo. Aunque no deja de sorprender la obsesión de Gérard de Sède por este mefistofélico personaje.

El Valle de Oro

No muy lejos de Stenay —a menos de 25 kilómetros al norte—, pero ya en territorio de Bélgica, se encuentra la abadía de Orval. A lo largo de los siglos se han producido allí acontecimientos muy extraños. Veamos...

Bernardo de Claraval, el gran impulsor de la Orden del Císter por toda Europa —y quien, además, tuvo una gran influencia en la creación y expansión de una de las más poderosas órdenes militares cristianas de la Edad Media: la Orden del Temple—, se acabará instalando en 1131 con ocho de sus monjes cistercienses, procedentes de la abadía de Troisfontaines (Marne), en la abadía de Orval, muy cerca de Stenay. Parece ser que, en 1070, el señor local de la zona, Arnould de Chiny, había ofrecido a un grupo de monjes procedentes de Italia parte de su propiedad para construir un monasterio y una iglesia. Misteriosamente, los primeros monjes abandonaron el lugar tras 40 años, por motivos que desconocemos. Sin embargo, años después, Otho, hijo de Arnould, los reemplazó con una pequeña comunidad de canónigos agustinos que finalmente pudieron completar las construcciones realizadas por sus predecesores. En 1124, la iglesia completa fue consagrada por Henri de Winton, obispo de Verdún. Pero los canónigos pronto experimentaron dificultades económicas, lo cual los llevó a solicitar unirse a la Orden del Cister que en ese momento se estaba expandiendo rápidamente. Así, bajo la dependencia de la comunidad de Bernardo de Claraval, los monjes de Orval completaron la abadía hacia el año 1200.

Pues bien, existe también una curiosa leyenda que nos cuenta que, en el año 1076, la soberana de Orval, la condesa Mathilde —duquesa de Toscana—, mientras disfrutaba de un día de campo, se sentó en el borde de una fuente de aguas claras y, por un descuido, dejó caer en ella su anillo nupcial, recuerdo de su difunto marido. Desesperada por haber perdido la preciada joya, la condesa rezó y rezó para ver si Dios «le echaba una mano». De pronto, apareció una trucha en la superficie del agua quien le devolvió el anillo. Aturdida por el milagro, la condesa dijo: «Aquí está el oro que buscaba. Feliz el valle que me lo devolvió: que en adelante se llame Val d'Or».

Fíjense que Val d'Or (Valle de Oro) es Orval al revés.

Y en agradecimiento, la condesa mandó construir un monasterio, dando lugar a la fundación de la Abadía. A partir de ese día, el lugar tomó el nombre de Orval y llevó en su escudo un anillo de oro: «En sinople un anillo de oro adornado de gules que emana de una ola, sostenido por un pez»[75].

La trucha y el anillo en la marca de la famosa cerveza belga.

Aquí Gérard de Sède nos propone un inquietante juego fonético. Si tomamos la primera parte de la descripción del blasón, en francés, tenemos: «De sinople à l'anneau d'or paré de gueules». Que en francés antiguo se transforma en: «De *sinople. Or annel paré régne*». Y aquí viene el juego de manos: fonéticamente dicha frase suena como:

75 Desde 1931, la Brasserie d'Orval, se encuentra ubicada dentro de la Abadía, y allí es donde se producen 22 millones de botellas al año de la famosa cerveza belga. En su etiqueta podemos ver una trucha con un anillo de oro en su boca.

«*De si noble or en el parait régne*», o lo que es lo mismo: «*Dans l'or si noble qu'il contient paraît la royauté*» («En el oro tan noble que contiene aparece la realeza»).

Según De Sède, esa enigmática frase esconde en realidad una vieja historia conocida, ya que la leyenda de la fundación de Orval se parece mucho a la del anillo arrojado al mar que el rey Salomón encontró en el vientre de un pez y que le permitió demostrar su calidad de legítimo rey de Jerusalén. ¿Les suena?

Si hacemos caso, pues, a dicho paralelismo, ¿podríamos considerar Orval como el lugar donde se esconde y donde se encuentra el signo talismánico que es el único que puede garantizar la realeza en Tierra Santa? De hecho, lo que hace que aún más inquietante esta posibilidad es la propia personalidad de la señora de Stenay, como ya vimos, Mathilde la Grande, marquesa de Toscana, la fundadora de la abadía de Orval, ya que, además de desempeñar un papel político eminente —ya que fue en su castillo de Canossa donde intentó reconciliar al emperador alemán Enrique IV con el papa Gregorio VII—, Matilde de Toscana, esposa del duque de Baja Lorena Godofredo el Jorobado, era la madre adoptiva del que pronto sería elegido rey de Jerusalén, Godofredo de Bouillon.

Orval. *Val d'Or*. El Valle de Oro. Y quizá aquel nombre no era casual. De hecho, contaba otra leyenda que en alguna parte de la abadía se escondían dos importantes tesoros: ni más ni menos que el de los Caballeros Templarios y el tesoro de guerra de Luis XVI y María Antonieta.

Pero eso no era todo. Algo debía tener aquel lugar para que de allí surgiera una famosa profecía, impresa por primera vez en Luxemburgo en 1544, pero que se puede encontrar en la obra *Prophéties concernant les événements actuels*, publicada por Monnoyer en Mans en 1870. La frase «*Venid joven príncipe, salid de la isla del cautiverio, escuchad,* uníos al león de flor blanca, ¡venid!» es, por supuesto, una alusión del retorno a Irlanda de Dagoberto II, pero de hecho ya en el s. XIX aplicó a la supervivencia de posteriormente a Luis XVII.

Pero hablando de augurios, ¿sabían que el gran Nostradamus escribió en la abadía de Orval la mayoría de sus profecías?

El Círculo y la Lis

Como recordarán, ya hablamos en su momento de las profecías de Michel de Nôtre-Dame en relación con el «Gran Monarca», «Chyren» y Pierre Plantard. Y comentamos también que Gérard de Sède, en El oro de Rennes, dejó escrito que: «... los mismos no ignoraban la sextilla de Nostradamus sobre "el redondel y el lis"».

Pues bien, resulta que, en el año 1542, un médico de treinta y nueve años llegaría a las Ardenas, tras la muerte de su primera esposa y dos hijos, víctimas de la peste, quedándose una temporada en Stenay, siendo luego huésped del señor de Florenville durante algunos días.

Se da la circunstancia de que Florenville está a solo una hora a pie de Orval. El médico —que había nacido en la Provenza en el seno de una familia de judíos conversos, de la tribu de Issakhar, famosa por su don de profecía— llamó a la puerta de la abadía y mostró sus credenciales. Y sin dudarlo, los monjes lo alojaron en una de sus estancias. Ya lo habrán adivinado: aquel médico era Nostradamus.

Gérard de Sède nos cuenta que el anfitrión que le abrió la puerta de la abadía a Nostradamus era el 33º abad de Orval, un tal Mathias Delvaux; y que existe una carta de su puño y letra que nos dice que el abad había descubierto en los archivos de la abadía «un libro escrito a mano, muy antiguo, completo y auténtico para añadir fe en el juicio y en el exterior, llamado *Cantatorium*».

¿Había entrado en contacto Nostradamus con ese misterioso manuscrito? Es más que probable. De hecho, así lo reconoce él mismo en una carta dirigida a su hijo: «Se me revelaron varios volúmenes que habían estado ocultos durante muchos siglos, pero, dudando de lo que sucedería, después de leerlos se los presenté a Vulcano».

Parece ser, pues, que Nostradamus había recibido unos documentos antiguos y secretos de tal importancia que, por prudencia política, consideró oportuno quemarlos.

Fue a su regreso de Orval cuando publicaría *La Interpretación de los jeroglíficos de Horapollo*, su primera obra, fechada en 1545. Y muy pronto llegarían sus famosas *Centuries* (1555) que lo hicieron célebre y lo convirtieron en un augur político consultado incluso por los últimos Valois, con tanto temor como respeto, ya que había anunciado su trágico final.

Así, cuando Nostradamus describió cuatro años antes con extraordinaria precisión, en el famoso cuarteto número 35 de la primera Centuria, las circunstancias de la muerte de Enrique II, ya nadie pudo negarle el don de la clarividencia.

Le lion jeune le viex surmontera
En champ bellique par singulier duelle
Dans cage d'or les yeux lui crèvera
Deux clases une puis mourir mort cruelle.

(El joven león vencerá al viejo.
En un campo bélico por duelo singular
En una jaula de oro se le apagarán los ojos
Dos clases, una de ellas, sufre una muerte cruel).

El 30 de junio de 1559, Enrique II sería herido durante un torneo por el conde Gabriel de Montgomery, teniente de la Guardia Escocesa. La lanza de su oponente se rompió, atravesó la visera del casco real, entró por el ojo y salió por la oreja. Enrique II murió diez días después. Montgomery era más joven que Enrique II. Uno tenía un león en su escudo de armas, el otro nació bajo el signo de Leo. La profecía de Nostradamus se había cumplido.

Por otro lado, hay que tener en cuenta que en la época en que Nostradamus escribió, desenterrar el linaje merovingio no era un simple juego académico, ya que era la mismísima casa de Lorena la que reclamaba la herencia de la sangre sagrada merovingia y, con ella, por supuesto, el trono de Francia.

En este sentido, en ocasiones se ha llegado a sospechar que Nostradamus habría sido un agente secreto de los duques de Lorena.

Si así fuera, se arrojaría nueva luz sobre su misteriosa estancia en Stenay y Orval, donde quizás yacía el secreto de los descendientes del Rey Perdido, explicándose de este modo el cumplimiento de algunas de sus profecías. Y aquí, precisamente, es donde reside el misterio más extraño. Vean, si no, estos tres versos contenidos en una de sus sextillas:

D'un rond, d'un lys naitra un si grand prince
Bientôt et tard venu dans sa province
Saturne et Libra en exaltation.

(De un círculo, de una lis nacerá tan gran príncipe.
Pronto y tarde llegó a su provincia
Saturno y Libra en exaltación).

He aquí «*el redondel y el lis*» mencionados por Gérard de Sède. «El círculo y la lis». «Le Cercle du Lys». Y el «gran príncipe» esperado no sería otro que el Rey Perdido merovingio[76].

---

76 Gérard de Sède nos habla en *La race fabuleuse* de la existencia en Orval de una estatua de piedra, «la cabeza de un hombre, una especie de rey santo o Cristo-rey coronado con un círculo y una lis». Por más que he buscado no la he localizado. Sin embargo, sí que he encontrado el logo de la antigua marca de aceites franceses ANTAR —De Sède también se hace eco de ello en su libro— en una serie de llaveros fabricados en los años 60 en el cual aparece un guerrero tipo Astérix (Antrix, le llaman), con una espada en una mano y *le Cercle du Lys* en la otra.

El Rey Perdido

Gérard de Sède nos sigue contando en *La race fabuleuse* que en un momento dado se topa en la Biblioteca Nacional con una obra escrita bajo el seudónimo de Henri Lobineau: *Généalogie des rois mérovingiens,* publicado en Ginebra en 1956. Lo recuerdan, ¿verdad? Efectivamente, se trata de aquel primer *Dossier Secret* que Pierre Plantard había depositado en la Biblioteca Nacional de París en enero de 1964.

El escritor nos dice que aquel folleto tiene una veintena de páginas y que no ha sido impreso sino multigrafiado, por lo que tiene una tirada de pocos ejemplares. Contiene unas tablas genealógicas muy bien hechas, muy detalladas, dando muchas precisiones sobre nombres y datos. Las fuentes están indicadas, pero provienen en general de viejos mapas, prácticamente inencontrables. Sin embargo, dichas tablas están precedidas por unas líneas introductorias muy desconcertantes: «*Los Sicambrios fueron en origen hebreos emigrados de la Arcadia (Grecia) hacia Sicilia, luego hacia los Alpes y el Rhin hasta llegar al este de la Galia, con los francos*».

Desconcertado por aquella afirmación, De Sède intenta ir a ver al autor, Henri Lobineau, pero en Ginebra es desconocido y su dirección no existe. Entonces, su «informador misterioso» —a lo largo de toda la obra, el escritor francés está en contacto con un misterioso informador, a modo de «Garganta Profunda» de Woodward y Bernstein (ya saben, los del Watergate); luego hablaremos de él— le cuenta que el nombre de Henri Lobineau no es más que un seudónimo, y que el autor, de una familia muy conocida en Suiza, se llama en realidad Léo Schidlof… o más bien se llamaba, ya que, desgraciadamente, acababa de morir en Viena.

Como recordarán, lo que se pretendía demostrar este panfleto es que, en realidad, la dinastía de los reyes merovingios no había terminado con Dagoberto II, sino que había continuado en secreto gracias a que su hijo Sigeberto IV había sobrevivido, dando lugar así a una estirpe que se habría mezclado con distintas familias nobles de Francia. En definitiva, era, ni más ni menos, que la leyenda del Rey Perdido aplicada a los merovingios.

En realidad, dicha leyenda nos contaba que Auberón, hijo de Clodión el Cabelludo, tras no alcanzar la corona, se fue a vivir como un salvaje en el bosque de Woëvre. Y es allí cuando una noche, rendido por la fatiga, se duerme al pie de un crómlech donde siete piedras están aún levantadas. En un sueño, Auberón ve a Júpiter y Marte, quienes le dicen que un día sus descendientes recuperaran el trono perdido.

Por otro lado, una profecía apocalíptica atribuida a San Cesario, el obispo de Arlés (470-542) —contemporáneo a Clodoveo—, aparecida en 1525 en el libro de Jean de Vatiguerro, *Liber Mirabilis*, nos anuncia conflictos, guerras y destrucción de ciudades. Pero, de pronto, de entre toda esa destrucción brilla una luz: «Él llega, el noble exiliado, "donné de Dieu". Abandona la isla de cautividad. Asciende al trono de sus antepasados, del que lo habían expulsado la malicia de los hombres depravados. Cubre la corona de lirios reflorecidos…».

Al día siguiente de la Revolución, los monárquicos, como era de esperar, vieron en este texto la promesa de la reaparición de Luis XVII, sobre todo por el apelativo «*donné de Dieu*», —apodo dado a los hijos de príncipes cuyo nacimiento se considera un favor directo del cielo— y que era precisamente el apelativo que se aplicaba al Delfín, Louis-Dieudonné.

Pero, creamos o no en profecías, lo cierto es que solamente existe en la Historia de Francia un personaje a quien el texto de san Cesario puede aplicarse con extrema exactitud.

Entre todas las intrigas merovingias que ya vimos en su momento, los fieles a Dagoberto II preparan su retorno. Así, en 676, a los veintisiete años, el Rey Perdido «abandona la isla de cautividad» y regresa a Austrasia bajo las aclamaciones del pueblo. Combate victoriosamente contra Teodorico III, quien le restituye sus territorios, reconociendo su autoridad en Provenza y Aquitania.

Y será Stenay el lugar elegido por Dagoberto II como residencia.

La paz es restaurada. El joven rey multiplica la fundación de abadías, lo cual representaba en aquel tiempo un factor de auge económico, administrativo y cultural. En definitiva, un gran reino, digno de los mismísimos Clodoveo o Dagoberto I, parece anunciarse.

Sin embargo, el 23 de diciembre de 679 sucede la tragedia. Ya sé que conocen los hechos, pero veamos cómo nos lo cuenta Gérard de Sède:

> «Dagoberto II está de caza en el bosque de Woëvre, a tres zancadas de caballo de Stenay, en un lugar que entonces se llamaba Scorze, y que hoy en día se conoce como Mouzay. Allí hay una pequeña fuente de nombre tan misterioso como poético: Arphays.
>
> «Ya de noche, el rey, exhausto, abandona la caza del jabalí para descansar. Pero lo que no sabe es que Pepin de Herstal ha sobornado a alguien para que lo asesine: se trata del propio ahijado del rey, un tal Jehan, de origen frisón. Aprovechando el sueño del rey, Jehan lo mata.
>
> «"Él le apuñala en la frente encima del ojo izquierdo con un dardo, causándole una herida de tres dedos de profundidad y casi una pulgada de ancho", nos cuentan las antiguas crónicas».

El Rey Perdido había muerto.

Asesinato de Dagoberto II. Cripta de san Dagoberto, Stenay.

Sin embargo, la muerte violenta de Dagoberto II no debería sorprendernos. A lo largo de este libro ya hemos visto un buen número de intrigas, guerras fratricidas, envenenamientos y asesinatos. Incluso, en un concilio celebrado en 633 se nos habla de «la deplorable costumbre de apuñalar a los reyes que no agradan».

De hecho, en las sociedades primitivas, el rey era considerado como una especie de condensador de todas las energías cósmicas, por lo que un revés militar o incluso una calamidad natural demostraban que el monarca ya no cumplía su función mágica protectora. Entonces el rey era ejecutado. Es decir, el rey era sacrificado ritualmente. Así, los asesinatos reales que jalonan la historia de los merovingios bien podrían entenderse a la luz de esta ancestral tradición.

Pero al margen de regicidios rituales, lo cierto es que el asesinato de Dagoberto II, políticamente representó un acontecimiento crucial: la muerte del último merovingio no solo abrió el camino a la realeza para los mayordomos de palacio, sino que también modificó por completo su carácter; de ahora en adelante, en lugar de equilibrar el poder, el reinado se fusionaría con ellos.

Pero ¿dónde fue enterrado Dagoberto II?

Lo cierto es que el lugar de la sepultura de Dagoberto II sigue siendo objeto de versiones contradictorias. Por un lado, según la *Vie de l'évêque Ouen*, escrita a principios del siglo VIII, Dagoberto fue inhumado en la iglesia de Saint-Pierre en Rouen junto a su predecesor, Childerico II, su esposa, Bilichilde, y su hijo pequeño, también llamado Dagoberto. En cambio, en *La Vita Dagoberti* —un texto anónimo citado por M. A. Huguenin en su *Historia del reino merovingio de Austrasia* (1862)— se nos cuenta que, en realidad, Dagoberto había sido enterrado en Stenay, en la iglesia dedicada a Saint Rémi: «Unos fieles servidores recogieron su cuerpo, lo llevaron a Saint Rémi de Stenay y lo colocaron en un ataúd de piedra que bajaron bajo las losas de la iglesia».

Sin embargo, aquí nos encontramos con un problema: dicha fuente data de la década de 890 y confunde a Dagoberto II con Dagoberto III (711-715), quien murió de enfermedad.

A pesar de ello, Gérard de Sède se decanta por esta segunda opción, haciéndose eco incluso de una vieja tradición local que dice que, en el año 872, un niño descubrió en el interior del altar de la iglesia de Saint Rémi de Stenay el epigrama funerario del rey Dagoberto, un antiguo pergamino con el siguiente texto en latín: «Aquí se esconde el cuerpo de Dagoberto II, rey y mártir, cuya alma exulta en la corte celestial preparada para los santos».

El rey Carlos II el Calvo fue informado de aquel increíble hallazgo, y expuso el cuerpo del monarca merovingio a la veneración de los fieles en el altar del oratorio del palacio de Douzy. Así, el 10 de septiembre de 872, en presencia del rey, Hincmar de Reims, Bernardo de Verdún y otros obispos, se procedió a la canonización de Dagoberto II. A partir de ese momento, la iglesia de Stenay pasaría a llamarse iglesia de San Daboberto.

Se podría pensar que un personaje como Dagoberto II, el primer rey de Francia proclamado santo, debería tener un puesto de honor en los libros de historia. Pero no fue así. Dagoberto II, poco a poco sería olvidado, siendo incluso considerado su trágico destino como el fruto de la imaginación popular. Es más, durante el s. XVII eruditos a sueldo del cardenal Mazarino —el hábil diplomático y político italiano— llegarían incluso a negar la existencia del monarca.

Como muy bien nos dice Jeantin en sus *Chroniques de l'Ardenne et des Woëvres*:

> «Y he aquí que durante diez siglos ningún historiador no pronuncia el nombre del último monarca de Austrasia. Un solo lugar sobre la tierra, uno solo, aquel donde el desafortunado príncipe sucumbió, un solo lugar, Stenay, conserva de él alguna reminiscencia. La sombra del suceso se fue degradando siglo tras siglo, la historia se convirtió en leyenda, la leyenda en cuento de viejas, y pronto este se quedó en nada».

Habrá que esperar hasta el año 1927 para que el historiador E. Tardif rencuentre y publique las viejas cartas de la abadía de Noirmoutiers, confirmando que los sucesos del Rey Perdido no formaban parte de la leyenda y que la tradición no mentía.

De hecho, para el pueblo, el recuerdo del Dagoberto II, rey y santo, nunca llegaría a perderse del todo. De padres a hijos, los leñadores del bosque de Woëvre aprendieron a respetar el claro donde habían asesinado al rey. Allí, hasta la Revolución francesa, vivieron un grupo de ermitaños, perpetuando el culto al Rey Perdido. Un tal Jacques Baron, sería el último de ellos.

Actualmente, allí, en el bosque de Woëvre, se encuentra la fuente d'Arphays, el lugar en donde fue asesinado Dagoberto II aquel aciago 23 de diciembre de 679.

Llegar hasta la fuente no es tarea fácil. Saliendo de Stenay, y tomando el antiguo y tradicional camino de peregrinación, quizá estemos de suerte y el barro no cubra nuestros tobillos. Aquella es una ruta transmitida de generación en generación desde el s. IX, o incluso desde antes, cuyo cometido era transportar las reliquias conservadas antiguamente en Stenay. Sin embargo, tras la destrucción, a partir del s. XVI, de todo lo relacionado con el rey-santo, dicha peregrinación cayó en el olvido más absoluto después de la Revolución francesa. Permanezcan atentos: en el epílogo hablaremos del resurgir de dicho culto.

Pero si Dagoberto II realmente había muerto sin descendencia masculina, la rama mayor de los merovingios se extinguía, y con ella la legitimidad austrasiana. Inmediatamente Austrasia caería bajo el yugo de Neustria, y los mayordomos de palacio tomarían el poder. Pero, como nos dice Gérard de Sède, «a estos les faltaba una cosa, la sangre sagrada de los merovingios, aquel elemento misterioso que los iniciaba en la realeza y sin el cual no podrían despertar el fervor del pueblo».

Sin embargo, si la línea de Dagoberto II hubiese continuado, si la sangre merovingia no se hubiese secado, habría que rehacer toda la legitimidad de la monarquía francesa, aportando una nueva luz a los episodios más importantes y a la vez oscuros de su historia. Podríamos concluir, pues, que todo ese proceso de ocultación, y hasta negación, de la figura de Dagoberto II, iría encaminado a eliminar de un plumazo su presunta descendencia.

Llegados a este punto, veamos qué nos dice un cronista de la época llamado Bruschius en su *Livre des évêques de Strasbourg*:

> «Dagoberto II se casó con Matilde, princesa de Sajonia y tuvieron el consuelo de ver caer la bendición del cielo sobre su matrimonio a través de un número bastante elevado de hijos. El primero fue un hijo que les causó mucha alegría con su nacimiento, viendo en su persona un heredero asegurado de la sucesión del Estado que iban recuperando poco a poco. Este príncipe nació en el castillo de Issembourg y allí fue bautizado con el nombre de Sigeberto. Pero por mucho que

él causó alegría a medida que crecía, nosotros recibimos tanto dolor por un deplorable accidente que le costó la vida cuando menos lo esperábamos. Habiendo comenzado a montar a caballo, un día lo llevaron a cazar al bosque de Ebersheim para entretenerlo, habiendo descubierto un jabalí de tamaño desproporcionado, lo persiguieron con entusiasmo y llegando al encuentro de este príncipe, su caballo, que estaba asustado, se lo llevó con tanta violencia que no tenía fuerzas suficientes para detenerlo o mantenerse firme en la silla, lo arrojaron al suelo y lo pisotearon hasta que quedó completamente destrozado y solo vivió hasta el día siguiente».

San Arbogaste resucita a Sigeberto IV, hijo del rey Dagoberto II. Bajorrelieve, iglesia abacial de Saint-Arbogast en Surbourg.

Es decir, que Sigeberto, el hijo único de Dagoberto II, había muerto trágicamente. ¿De verdad? Pues parece que no. Miren qué nos sigue contando Bruschius y sorpréndanse:

«El rey ya había contratado desde hacía algún tiempo a San Argobaste para que asumiera el gobierno del obispado de Estrasburgo. Este santo, procedente de Aquitania, tenía gran fama de virtuoso. El rey, que lo estimaba como un gran siervo de Dios, le pidió que viniera a

> consolarlo por el estado deplorable en el que se encontraba debido a la muerte de su hijo. El santo prelado acudió allí y exhortó al rey y a la reina a poner su confianza en Dios, que puede dar la vida con tanta facilidad como él la da, y habiendo comenzado a orar cerca del cuerpo del pequeño príncipe para pedir a Dios que le placiera devolver allí el alma que poco antes le había vivificado, notamos que de repente el niño levantó la cabeza como si hubiera despertado de un sueño profundo, y habiéndolo tomado en sus brazos lo devolvió lleno de vida al rey su padre, quien tuvo tanta alegría al verlo así resucitado como dolor había sentido en su muerte».

Sí, lo han leído bien. El pequeño Sigeberto había «resucitado».

Sin duda, esta es una historia fascinante, pero sea cual sea el gusto que tengamos por lo maravilloso, una cosa está clara: si los muertos resucitan es que en realidad no estaban muertos. Es por tanto más lógico pensar que tras la caída del caballo —probablemente cayó de cabeza— el joven príncipe habría entrado en coma, despertando unos días después.

En definitiva, si hacemos caso a las crónicas, parece ser que Sigeberto IV sobrevivió a aquel fatal accidente. Pero ¿durante cuánto tiempo?

Un historiador del siglo XVIII, un tal Vincent, deja la duda en el aire:

> «En cuanto al príncipe Sigeberto, hijo de Dagoberto, aparentemente murió al mismo tiempo que su padre o poco después, porque el autor que siguió a Fredegario, dice positivamente que los reyes, es decir, Dagoberto y su hijo, habían muerto en Austrasia cuando Pipino de Herstal tomó las armas contra Ebroin para vengarlos».

En este sentido, parece, pues, poco probable que el hijo muriera al mismo tiempo que el padre, ya que disponemos de un relato extremadamente detallado del asesinato de Dagoberto en donde no se menciona nada de eso. Sin embargo, también podríamos aducir que «el autor que siguió a Fredegario» fuera partidario de Pipino de Herstal, y que, por tanto, tendría todo el interés del mundo en sugerir que los descendientes de Dagoberto se habían extinguido.

La última y desconcertante frase de esta cita de Vincent no hace más que confirmar que todo aquello tan solo formaba parte de una intoxicación política muy bien calculada: «...Pipino de Herstal tomó las armas contra Ebroin para vengarlos». ¿Pipino de Herstal asumía el papel de vengador de un rey cuyo asesinato había planeado él mismo? ¿En serio?

Pero si en verdad Sigiberto IV había sobrevivido —ya saben, eso mismo es lo que mantiene aquel primer *Dossier secret* de Henri Lobineau—, lo había hecho gracias a la familia de su madre, Gisèle (la segunda esposa de Dagoberto II) quien en año 681 lo habrían puesto a salvo en Rhedae —o sea, Rennes-le-Château—, ya que Gisèle era originaria de allí —era la hija de Bera II, el conde del Razès—. Y la encargada de rescatar al pequeño príncipe no sería otra de su hermana Irmine, Santa Irmine, la abadesa de Oeren[77].

Sin duda, la fugaz aparición de Sigeberto IV en la Historia le acabaría convirtiendo, como a su padre, en un verdadero Rey Perdido.

77 Curiosamente, o no, la hija de Pierre Plantard se llamaba Irmine.

Gigantes

En su particular recorrido por la mitología merovingia, Gérard de Sède alcanza en ocasiones cotas delirantes. Vean, si no, lo que viene a continuación…

Durante un viaje a Bruselas, el autor francés se topa por azar con un viejo libro que lleva por título: *Histoire fidelle de Saint Sigisbert, XIIe roi d'Austrasie et IIIe du nom avec un abrégé de la vie du roy Dagobert son fils, le tout tiré des antiquités austrasiennes, par R.P. Vincent de Nancy, religieux du tiers ordre de Saint François. A Nancy chez René Charlot et Pierre Deschamps, imprimeurs ordinaires de Son Altesse Royale, avec approbation, 1702.*

Cuando emprende su lectura, se da cuenta de que las últimas páginas del libro le tenían reservada una gran sorpresa. De hecho, esas páginas relataban un sorprendente descubrimiento realizado a principios del siglo XVIII en Stenay:

> «No podemos creer cuántos sepulcros y tumbas de piedra fina, bien tallada y decorada con diferentes obras escultóricas, se encontraron en la iglesia de San Dagoberto cuando se movió el fondo para poner los cimientos de la ciudadela y cavar las zanjas. El número de estas tumbas llenas de huesos y cenizas era muy grande. Allí encontramos incluso una habitación bien abovedada, cerrada por todos lados con una sólida mampostería, y que al estar rota vimos en el medio una mesa de piedra y tres asientos de la misma calidad que la rodeaban, sobre los cuales estaban sentados tres cadáveres reducidos a polvo a excepción de los huesos al mismo tiempo que el aire había penetrado en este extraordinario tipo de sepulcro. A cierta distancia de allí se descubrió otra tumba cuya longitud desproporcionada y la de los huesos que allí se encontraban, hacían suponer que formaban el cuerpo de un gigante. La rareza del hecho hizo que algunos fueran

> llevados a Nancy, y en particular los dientes, que fueron obsequiados al duque Carlos y que solo fueron vistos con admiración. Muchas otras cosas tan singulares como estas se descubrieron en esta ocasión, que no diré para no aburrir al lector».

¿El cuerpo de un gigante?

Aquí es donde entra en escena otra vez el «informador misterioso», quien nos recuerda que cuando el reino de Clodoveo se dividió a suertes entre sus cuatro hijos, Austrasia recaería en el mayor, Teodorico I, luego en su hijo Teodeberto I y, finalmente, en su nieto Teodebaldo. El historiador Félix Liénard (*Archéologie de la Meuse*) estableció que los tres habían sido enterrados en Stenay, en el lugar del antiguo templo de Saturno. Así, según nuestro «informador misterioso», los tres personajes que se encuentran sentados alrededor de la mesa de piedra no son otros que estos tres primeros reyes merovingios de Austrasia.

Es más, la postura singular de estos tres personajes —sentados alrededor de la mesa de piedra—, reproduce escenas míticas, como cuando el emperador Otón III, en el año 1000, descubrió el cuerpo de Carlomagno, sentado sobre una cátedra en la cripta de Aquisgrán —como su cuerpo estaba perfectamente conservado, se decía que solo estaba dormido y que un buen día despertaría para volver a reinar sobre toda Europa—; o como Federico Barbarroja, fallecido en 1190, quien dormía en la cueva de Kyffhauser, escondida en la ladera de una montaña de Turingia, sentado frente a una mesa de piedra, mientras su barba seguía creciendo y daba varias vueltas alrededor de la mesa —de vez en cuando abría un ojo para preguntar al pastor que guardaba su tumba si la hora estaba cerca y luego se volvía a dormir—.

¿Continuaban sentados estos tres reyes merovingios en sus tronos de piedra más allá de la muerte en aquella cripta sellada de Stenay?

Pero ¿qué me dicen del gigante? ¿Existen los gigantes? Esto es lo que afirman las historias más antiguas de todos los pueblos. Sin duda, se trata de relatos mitológicos. ¿O no?

¿Son el recuerdo que la humanidad ha guardado de acontecimientos ocurridos en su pasado muy lejano? De hecho, estos relatos nos cuentan que hubo una vez en la tierra, viviendo entre los humanos, toda una raza de gigantes que, ya sea como resultado de guerras o por cataclismos, acabaron por ser exterminados.

Lo cierto es que, diseminados en todos los rincones del planeta, se han descubierto restos arqueológicos de esqueletos humanos de tamaños desproporcionados que, para algunos, demostrarían que en la Tierra habitaron seres gigantescos. Para los defensores de la existencia de esta raza de gigantes, esta sería prueba suficiente de su existencia. Veamos algunos sorprendentes ejemplos:

En Cumberland (Reino Unido), en algún momento de la Edad Media se descubrieron los restos de un gigante de 4,5 metros, cubierto por una armadura.

Hacia 1753, el propio Fernando Sánchez Dragó nos cuenta que, «un cabrero soriano descubrió en los cuetos de Santa María de la Hoz, cerca de Medinaceli, una profunda caverna con muchas reliquias de gigantes entre las que resaltaban un cráneo y numerosas tibias».

En 1829, cerca de Chesterville (Canadá) se halló el esqueleto de un gigante tan grande que un hombre podía introducir su cabeza dentro del cráneo con facilidad.

En diciembre de 1870, bajo un enorme montículo de Brush Creek (Georgia) se descubrieron huesos de hombres y mujeres de hasta 2,75 metros de altura, junto con una gran piedra grabada con extraños caracteres.

En 1872, en Séneca (Carolina), se encontraron tres esqueletos de 2,5 metros de altura.

En 1883, cerca de Mandan (Dakota del Norte), se descubrió un enorme cementerio que contenía los restos de numerosos gigantes.

En 1888, en Toledo (Ohio), se desenterraron los restos de otros 20 gigantes.

En 1895, durante unas excavaciones realizadas en el condado de Antrim (Irlanda), un tal Dyer halló un gigante fosilizado de 3,70 metros de altura.

En 1915, en el dolmen de Orén, en Prullans (Cerdanya-Lleida), fueron encontrados siete esqueletos —una mujer y seis hombres— cuyos fémures tenían entre 70 y 90 cm. de longitud, por lo que sus propietarios podrían haber alcanzado los 3 metros de altura.

Sin movernos de Lleida, en Garòs (Alt Aran), según la crónica de *mossèn* Jaquet, a mediados del siglo pasado, cuando se hacían unas obras junto a la iglesia de Sant Julià de Garòs, apareció un esqueleto gigante de 3 metros de altura y con un clavo incrustado en el centro del cráneo.

En Gargayán (Filipinas) salieron a la luz en 1956 huesos correspondientes a un hombre de 3,5 metros.

Durante la construcción de una carretera en Homs (Turquía), a finales de los años 50, se encontraron fémures pertenecientes a gigantes de hasta 4,8 metros de altura...

Nos detenemos aquí. Los ejemplos serían interminables. Pero ¿podemos dar credibilidad a todos estos hallazgos, o simplemente se trata de *fakes* o intoxicaciones malintencionadas?

Lo cierto es que, dichos restos —auténticos o no—, además de desorientar a la comunidad científica, serían avalados por las leyendas y tradiciones que el folclore popular se ha encargado de recoger con el paso del tiempo.

Pues bien, aunque la figura del gigante la podemos encontrar en múltiples relatos mitológicos del viejo mundo: griegos, nórdicos, germánicos, hindúes, indoeuropeos, así como en las tradiciones de los mayas, de los aztecas y de los incas, en el nuevo mundo, lo cierto es que la primera mención de la existencia de estas criaturas sobre la Tierra la encontramos en la Biblia, en el Antiguo Testamento. Así, en el Génesis 6, 1-4 podemos leer:

> «Aconteció que cuando comenzaron los hombres a multiplicarse sobre la faz de la tierra, y les nacieron hijas, que viendo los hijos de Dios que las hijas de los hombres eran hermosas, tomaron para sí mujeres, escogiendo entre todas. (...)
>
> Había gigantes en la tierra en aquellos días, y también después que se llegaron los hijos de Dios a las hijas de los hombres, y les engendraron hijos. Estos fueron los valientes que desde la antigüedad fueron varones de renombre».

Estos gigantes serían los llamados «Nephilim».

De hecho, el término «Nephilim» es la transliteración al castellano de una palabra hebrea que significa «los caídos», aunque tradicionalmente, la traducción más común de dicha expresión hebrea es la de «gigantes». Pero ¿por qué gigantes? Quizá sea porque en un pasaje del libro de Números se usa la misma expresión hebrea para referirse a unos hombres de gran altura que habitaban en Canaán —los anaquim, anaquitas o hijos de Anaq (el propio Goliat era descendiente de Anaq)— en el momento de la conquista israelita de la tierra prometida. Por lo tanto, si los anaquitas eran gigantes, también lo eran los «Nephilim».

Según, pues, el relato bíblico de Génesis, estos gigantes serían un grupo de personajes misteriosos surgidos como resultado de una unión antinatural entre seres malignos de naturaleza discutida —los hijos de Dios— y mujeres humanas, los cuales habrían existido en la época de los patriarcas Enoc y Noé, y se habrían extinguido posteriormente durante el diluvio universal.

Pero ¿quiénes eran esos «hijos de Dios», los padres de esa legendaria raza de gigantes híbridos?

En este punto, no existe un consenso claro entre los estudiosos. De hecho, encontramos tres posibles explicaciones:

Primera. Algunos mantienen que estos «hijos de Dios» serían reyes muy poderosos, quienes, en lugar de casarse con mujeres de educación y cultura elevadas, tuvieron relaciones ilegítimas con mujeres comunes. El resultado de todo aquello sería una corrupción desmesurada y una decadencia moral de la sociedad. El problema es que los israelitas jamás utilizaron la expresión «hijos de Dios» para referirse a sus gobernantes. Y, por otro lado, tampoco explicaría por qué los hijos nacidos de aquellas relaciones —los gigantes—, eran tan grandes, fuertes y dignos de ser llamados héroes.

Segunda. Aquí estaríamos hablando del matrimonio entre los hijos de Set —el tercer hijo de Adán y Eva, engendrado tras la muerte de Abel— con las mujeres malvadas que venían de la línea de Caín, y que tuvo como resultado la corrupción de los dos linajes. Recuerden que Caín había asesinado a su hermano Abel, y que la Biblia no dice nada bueno sobre su descendencia. Sin embargo, esta explicación tampoco aclararía el hecho de que sus descendientes fueran gigantes y héroes.

Tercera. Esta es, sin duda, la interpretación más antigua, ya que se basa en el enigmático *Libro de Enoc* —un texto que no es reconocido como canónico ni por el cristianismo ni el judaísmo, aunque sí que forma parte del canon de la Biblia de la Iglesia ortodoxa de Etiopía y la Iglesia ortodoxa de Eritrea—. La primera parte de este libro apócrifo describe la caída de los llamados «Vigilantes», los ángeles que engendraron a los «Nefilim». Así pues, los gigantes serían el fruto de la unión de estos «ángeles caídos» con las mujeres humanas. Es más, el Antiguo Testamento utiliza normalmente la expresión «hijos de

Dios» para referirse a estos «ángeles caídos» o «Vigilantes». En este sentido, dicha hibridación entre ángeles y humanas sí que explicaría, de alguna manera, la altura descomunal y la heroicidad de los hijos engendrados por aquellas relaciones.

Es en este punto cuando Gérard de Sède, en boca de su particular «informador misterioso», nos propone dar un nuevo salto de fe —esta vez sin red—: «Puede que el gigante de Stenay, custodiado por tres reyes muertos, fuera un ancestro lejano de los merovingios, y de alguna manera una muestra que conservaban como prueba tangible de su origen».

¿De qué origen nos está hablando?

Unas líneas más allá, el «informador misterioso» nos da la sorprendente respuesta: «Así, la Biblia menciona la presencia sobre la tierra de seres vivos llegados de otras partes ("los hijos de los dioses", los "caídos") y su cruce con la raza humana cuyo resultado fueron los gigantes».

¿Llegados de otras partes?

«Êtres vivants venus d'ailleurs» (Seres vivos llegados de otras partes). Esta expresión en francés utilizada por Gérard de Sède de ningún modo era gratuita. Y él lo sabía. De hecho, esa era una terminología muy común en los círculos ufológicos desde la década de los 60. Y aquí es cuando nuestro «informador misterioso» se lanza al vacío —y nosotros con él— y nos dice:

> «Estos extraterrestres visitaron la tierra en un momento en que la especie humana ya estaba muy extendida. Su mestizaje con la especie humana provocó una reducción de la longevidad de esta. Los productos del mestizaje, o al menos algunos de ellos, sobrevivieron mientras que los humanos vivieron solo 120 años».

Y aún continua para bingo:

> «Finalmente, podemos pensar que el hombre solo ha continuado en la tierra una evolución iniciada en otro planeta del universo (...)
>
> Para desentrañar este misterio de los orígenes, viajé por todo el mundo. Por todas partes encontré huellas de extraterrestres, de aquellos a quienes los textos antiguos llaman "los Inteligentes".
>
> En las pinturas rupestres de Tassili, en el Sahara, realizadas hace 4000 años, he podido ver personajes ataviados con escafandras y cascos esféricos que el científico francés Henri Lhote apodó "los marcianos"».

¿Qué estaba pasando aquí? Gérard de Sède estaba reproduciendo la vieja hipótesis de los antiguos astronautas. Pero, claro, en 1973 cuando se publica *La race fabuleuse,* esta se encuentra en todo su apogeo. Seguro que en este mismo instante les ha venido a la mente aquel clásico publicado en 1968 por Erich von Däniken: *Recuerdos del futuro.*

Si son aficionados al misterio ya sabrán que aquel libro fue un verdadero superventas en su época, todo un fenómeno editorial que catapultó al escritor suizo a la fama internacional, convirtiéndose en un referente para toda una generación ávida de respuestas. Su propuesta era clara: los extraterrestres habían visitado la Tierra en la antigüedad, contactando con nuestros antepasados humanos. Y este contacto había influido en la cultura, la tecnología y el origen de las religiones.

Pero en realidad, sus arriesgados planteamientos se inspiraban claramente en *El retorno de los brujos,* el libro de los franceses Luis Pawels y Jaques Bergier que en 1960 ya había revolucionado la escena del misterio.

En el libro de Pawels y Bergier se trataban temas hasta entonces novedosos, como los fenómenos parapsicológicos, las civilizaciones desaparecidas o el esoterismo y su conexión con el nazismo. Sus autores sugerían, en definitiva, que la realidad podía ser mucho más compleja de lo que creía la Ciencia y que la percepción de los hechos, así como las opiniones, podían estar sesgados por los estándares convencionales establecidos, es decir, por el sentido común. Así, lo considerado como falso, anormal o simplemente fantástico, podía ser simplemente lo que no cabe en la manera común de ver las cosas. Bergier y Pauwels proponían, pues, liberarse de prejuicios y observar los hechos. Había nacido el «realismo fantástico». Y con él, las especulaciones pseudocientíficas que darían origen a la hipótesis de los antiguos astronautas.

Y aquí es donde entró en escena Erich von Däniken. Pero, antes que él, hubo alguien más…

En 1963, Robert Charroux —un aventurero francés, campeón de atletismo, buceador, buscador de tesoros, periodista, arqueólogo y escritor— publicó *Histoire inconnue des Hommes depuis cent mille ans* («Cien mil años de historia desconocida»). En él, y bebiendo de las fuentes de Pawels y Bergier, Charroux proponía por primera vez la idea de los antiguos astronautas —considerando que todas las deidades son en realidad extraterrestres, siendo su avanzada tecnología la clara evidencia de su divina condición—, cinco años antes de que Däniken lanzara su *Recuerdos del futuro.*

Por lo tanto, fue Charroux, y no Däniken —como siempre se ha mantenido— el «padre» de aquella controvertida tesis. De hecho, el editor de Däniken en Alemania le recomendó citar a Charroux en la bibliografía de su libro —cosa que en un primer momento no había hecho—, ante una muy posible amenaza de ser denunciado por plagio por el escritor francés.

Es más, aquel libro de Robert Charroux no sería flor de un día, sino que fue el inicio de un puñado de obras de no ficción que ahondaban en aquella polémica temática: *Le livre des secrets trahis* («El libro de los secretos descubiertos», 1963), *Le livre des maîtres du monde* («El libro de los dueños del mundo», 1967), *Le libre du mystérieux unconnu* («Nuestros antepasados extraterrestres», 1969), *Le livre des mondes oubliés* («El libro de los mundos olvidados», 1969) o *Le libre du passé mystérieux* («El libro del pasado misterioso», 1973)...

Sin duda, en 1973, Gérard de Sède, cuando escribió *La race fabuleuse*, ya había entrado en contacto con la obra de su compatriota, más teniendo en cuenta que compartían misterio: Rennes-le-Château.

Efectivamente, Robert Chârroux había desarrollado un interés activo a finales de los 50 por el presunto tesoro hallado en Rennes-le-Château, tras las afirmaciones realizadas por Noël Corbu en la prensa local en 1956. ¿Recuerdan? Así, en 1958, con su esposa Yvette y Denise Carvenne, y como presidente del Club Internacional de Buscadores de Tesoros —que él mismo había fundado en 1951—, se desplazó a Rennes-le-Château para explorar su subsuelo con un detector de metales.

Tras publicar un par de artículos en las revista *Noir et Blanc* y *La presse*, en 1960, contando la versión de Corbu de los hechos, finalmente en 1962 Charroux publicaría *Trésors du Monde enterrées, emmurés, engloutis* («Tesoros ocultos: enterrados, emparedados, sumergidos»), una obra dedicada a estudiar diferentes tesoros perdidos del mundo, en el que el escritor francés se detenía en un largo capitulo, el XIX, titulado «Setenta y cinco tesoros en una abadía: ocho mil millones en una tumba», en el misterio de Rennes-le-Château, usando, claro está, como principal fuente a Noël Corbu. Por lo tanto, no es de extrañar que Gèrard de Sède llegara a una, a todas luces, descabellada conclusión en lo referente al origen de los merovingios. Agárrense fuerte y lean:

«Si la «sangre sagrada» de los merovingios, hecha tangible por sus marcas genéticas hereditarias, procedía de estos Nefilim bíblicos, cuyo nombre significa "los caídos", si esta sangre testimoniara un cruce muy antiguo con una especie cuya evolución había comenzado en otro planeta y continuó durante un tiempo determinado en el nuestro, entonces, por sorprendente que les parezca, DESCENDIENTES DE LOS EXTRATERRESTRES ALGUNA VEZ GOBERNARON FRANCIA».

Por fin se nos había dado la gran revelación: ¡los merovingios poseían un origen extraterrestre!

Sí lo sé, es una auténtica barbaridad. Pero déjenme decir algo en favor de Gérard de Sède. En 1973, cuando el escritor francés publicó *La race fabuleuse,* el ambiente era más que propicio para este tipo de fantasías pseudohistóricas. La hipótesis del paleocontacto circulaba con fuerza entre la población, quien había comenzado a seguir los preceptos de Pawels y Bergier. Ya saben, libérense de prejuicios y observen los hechos. Y, sin duda, los libros de Charroux y Däniken —y por supuesto, sus ventas astronómicas— no hicieron más que regar ese campo abonado.

Lo sorprendente del libro de Gérad de Sède y de sus increíbles conclusiones en relación con los reyes merovingios es que se adelantó en tres años a la aparición de otro libro provocador que en 1976 sorprendió a medio mundo. Un libro de referencia sobre el tema de los antiguos astronautas que, en realidad, proponía el mismo esquema argumental que De Sède, pero con una civilización mucho más antigua. Me estoy refiriendo a *El duodécimo planta* de Zecharia Sitchin.

Allí, el escritor ruso afincado en Inglaterra, nos hablaba de una misteriosa raza desaparecida conocida como Annunakis —o lo que es lo mismo, los Nephilim o gigantes, ¿se acuerdan?— quienes habrían llegado a la Tierra procedentes del Nibiru, un presunto planeta oculto dentro de nuestro sistema solar, contribuyendo a la creación de la cultura sumeria. Según su propia reinterpretación de las traducciones realizadas por los expertos en lenguas sumerias, acadias y asirio-babilónicas, habría que hablar de una nueva versión de la creación humana, según la cual seres extraterrestres serían los responsables del inicio y la evolución de la especie humana mediante la ingeniería genética. En resumidas cuentas, que aquella hibridación entre los Nephilim y las mujeres humanas que, según Gérard de Sède, había creado a los merovingios, ahora, según Zecharia Sitchin, habían dado lugar al pueblo sumerio; y, por ende, a toda la civilización humana.

Como ya se habrán imaginado, esta alocada tesis fue rechazada de inmediato por los historiadores y por el mundo académico en general, quienes acusaron a Sitchin de tergiversar los textos antiguos.

Pero a pesar de todo ello, la controversia no detuvo el debate. En cierto modo, los Annunakis de Sitchin y los antiguos astronautas de Charroux y Däniken habían llegado para quedarse. En una sociedad ávida de respuestas alternativas, aquella corriente pseudohistórica se extendió como la pólvora. Es más, con la llegada de Internet, cientos de páginas propagaron aquella idea de manera imparable.

Y la expansión aún sigue hoy en día. Seguro que habrán visto algún capítulo de la exitosa serie de televisión norteamericana *Ancient Aliens* («Alienígenas Ancestrales») en el Canal Historia, en la que el memificado Giorgio A. Tsoukalos y el propio Erich von Däniken dan rienda suelta a sus elucubraciones astronauticoancestralistas. En fin, aquella vieja hipótesis pseudohistórica de los años 60 sigue más viva que nunca —los textos históricos, la arqueología, las enseñanzas espirituales y las leyendas de todo el mundo contienen pruebas de que en el pasado el ser humano tuvo contacto con civilizaciones extraterrestres más avanzadas—, y todo ello bajo el amparo del Canal Historia. ¿En serio?

Sin embargo, aquella delirante propuesta de Gérard de Sède no caería en saco roto, al menos entre algunos de los que acudirían en los años 80 a Rennes-le-Château en busca de respuestas. Así, uno de aquellos estrafalarios personajes que siguieron al pie de la letra las tesis de *La race fabuleuse* sería una millonaria francesa que se instaló en la zona hacia 1986 —en *Les Labadous*, donde inauguraría un centro espiritual llamado Arcadia Centre—. Su nombre era Elizabeth Van Buren (1929-2011), una presunta sensitiva psíquica —al menos, así lo afirmaba ella—, que era la tataranieta del octavo presidente de Estados Unidos, Martin Van Buren.

Aquella señora llegaría a escribir varios libros, a cual más delirante —*The sign of the dove* (1983), *The Phoenix of Rennes-le-Château* (1985), *Refuge of The Apocalypse: Doorway Into Other Dimensions* (1986) o *The Dragon of Rennes-le-Château* (1996)— en los que mantenía, así a *grosso modo*, que en aquella zona se estaba gestando un combate entre las fuerzas del bien, representadas por los descendientes de los merovingios, los neocátaros y los descendientes de los atlantes —menudo grupo—, contra las fuerzas del mal, dirigidas por la Iglesia católica y los ángeles caídos, es decir, un grupo de extraterrestres malignos que buscaban hacerse con el control absoluto de la Tierra. Ahí es nada.

En Rennes-le-Château, Van Buren hizo una cosa desconcertante. Compró una extensa finca en una meseta cercana al pueblo, y allí levantó una fuente adornada con leones, que, según los antiguos habitantes del lugar, en su momento estuvo rodeada por un corazón formado por 333 rosas. Además, también construyó una torre, aprovechando un antiguo molino del siglo XVII, así como una columna aislada en mitad de la nada. Pero quizá lo más asombroso fue que hizo plantar una desconcertante hilera de pinos con forma de flecha que, supuestamente, apuntaba hacia el lugar donde debían aterrizar los extraterrestres para recoger a unos cuantos elegidos antes del fin del mundo y conducirlos a un lugar desconocido en otra dimensión. Lo crean o no, aquella era una base de bienvenida para los platillos volantes en toda regla… y en pleno Rennes-le-Château.

Y aquel increíble «encuentro en la tercera fase» tenía que ocurrir un día de septiembre de 1992. Así pues, en la fecha señalada, un grupo de seguidores de Van Buren se reunió en aquella peculiar meseta con el fin de aguardar la llegada de los ansiados extraterrestres. Pero claro, los extraterrestres jamás llegaron.

Pero ¿de dónde había salido toda aquella locura? La génesis había que buscarla en aquel libro publicado por la sensitiva psíquica en 1986, *Refuge of The Apocalypse: Doorway Into Other Dimensions*, en donde defendía que existía una correspondencia entre una amplia zona del Alto Valle del Aude —delimitada por Montazels en el noroeste, Granes en el suroeste, Cassaignes en el noreste y Bugarach en el sureste— con las constelaciones del zodiaco y con varias estrellas y constelaciones, como Casiopea, Perseo, Orión, la Osa Mayor o Pegaso.

Es más, aquella zona era un lugar sagrado, ya que albergaba un templo celestial en la superficie y otro oculto bajo tierra, donde estaría custodiado el conocimiento para salvar a la humanidad del inminente cataclismo que estaba a punto de producirse. Así, el templo subterráneo estaría bajo el Pico de Bugarach —la cumbre más alta (1230 m) de la región montañosa de Corbières—, en el interior de una enorme cavidad donde se encontraba escondido un campamento extraterrestre. Desde allí, es donde habrían de salir las naves, aquel día de septiembre de 1992, para rescatar a los humanos que se hubiesen congregado en el templo superficial —el que Van Buren denominó «el refugio del apocalipsis»—, es decir, en aquella explanada de Rennes-le-Château.

Y claro, allí es donde se encontraría el portal «interdimensional y griálico», que se abriría gracias a la ciencia perdida de los egipcios —Van Buren pensaba que en la iglesia de Rennes-le-Château se podían encontrar numerosas referencias al país de las pirámides—, y por donde serían rescatados por los habitantes del espacio exterior. Los delirios de Elisabeth Van Buren no tenían límite.

Lo sorprendente del tema es que aquella historia tuvo su singular epílogo en los sucesos que tuvieron lugar precisamente en Bugarach a finales del año 2012. Imbuidos por la fiebre del eminente apocalipsis que supuestamente habían anunciado los mayas, y, sin duda, por las ideas de Elisabeth Van Buren, el 21 de diciembre del 2012 cientos de aficionados al tema ovni se desplazaron hasta Bugarach, convencidos de que aquel era el único «el refugio del apocalipsis», y que allí los extraterrestres les salvarían de la hecatombe que estaba a punto de suceder. Una vez más, los habitantes del espacio faltaron a su cita.

Pero, volviendo a los merovingios, Elisabeth Van Buren aseguraba sin titubeos —siguiendo los pasos de Gérard de Sède y *La race fabuleuse*— que Meroveo, ya saben, el mítico fundador de la estirpe merovingia, en realidad era un extraterrestre. ¿Recuerdan la leyenda que cuenta que Meroveo había nacido fruto de la unión de su madre, esposa del rey Clodión el Cabelludo, jefe de los francos salios, y de un monstruo marino, el Quinotauro, que abusó de ella mientras se bañaba en el mar? Pues bien, resulta que aquella concepción fantástica hizo que Meroveo tuviese poderes sobrenaturales, ya que, en realidad, el Quinotauro era un extraterrestre. De ahí la «sangre sagrada» de la dinastía merovingia.

Sin embargo, Van Buren aún iba un paso más allá: aquella sangre sagrada y milagrosa de los merovingios era en realidad el Santo Grial, ya que los reyes melenudos descendían de la antigua estirpe de los benjamitas, que a su vez procedía de un grupo de extraterrestres que visitaron Oriente Medio en la más remota antigüedad. La semilla de De Sède había germinado.

El «informador misterioso»

De acuerdo, el cuerpo de aquel gigante hallado en la iglesia de san Dagoberto en Stenay, custodiado por los tres primeros reyes de Austrasia, podría ser un ancestro lejano de los merovingios; y si los gigantes, según se mencionaba en la Biblia, habían sido el resultado del cruce entre unos seres «llegados de otras partes» —los Nephilim, «los caídos»— y la raza humana, entonces la «sangre sagrada» de los merovingios evidenciaría que estos eran, en realidad, el producto de aquel cruce; es decir, que los merovingios poseían un origen extraterrestre…

Y toda esa disparatada información le había sido revelada al bueno de Gérard de Sède por un enigmático «informador misterioso». Pero ¿quién demonios era ese oscuro personaje que parecía poseer un conocimiento tan perturbador? No se inquieten, en la segunda línea de *La race fabuleuse*, el escritor francés ya nos dice su nombre —o al menos, el nombre que él le da—:

> «Probablemente nunca habría escrito estas páginas sin la colaboración del marqués de B., que murió hace dos años. Es a él, en cualquier caso, a quien deben su insólito tour. Deseaba permanecer en el anonimato. Sin embargo, es de esperar que algunos expertos logren identificarlo: bien por ellos. En cuanto a mí, respeto su voluntad».

¡El marqués de B.!

Gérard de Sède nos cuenta que había conocido al marqués en 1961 a raíz de una investigación genealógica que le hizo interesarse por su familia: varios B. se habían distinguido en la historia de Francia, y su origen «parecía perderse en la noche de los tiempos». Es más, como le asegura el propio marqués, «el secreto de la familia de B. *es precisamente su origen*».

No se lo creerán, pero aquella, *a priori*, inocente afirmación encendió todas mis alarmas. ¿Un secreto familiar que radicaba en su origen?

Lean el siguiente diálogo entre los dos y quizá entiendan por dónde voy:

> «—En cualquier caso, es muy antiguo, desde hace diez siglos...
> El marqués me interrumpió con una sonora carcajada:
> —¡Diez siglos! ¿Eso cuenta en años luz?»

Como seguro que se habrán dado cuenta, comenzaba a recelar de la realidad de aquel siniestro personaje. ¿Podría ser el marqués de B. un simple recurso literario usado hábilmente por De Sède para transmitir sus ideas? ¿O era para esconder las ideas de otros? De ser así, lo cierto es que esa no había sido la primera vez que el escritor francés utilizaba aquella herramienta creativa.

¿Recuerdan su libro de 1962, *Los Templarios están entre nosotros o El enigma de Gisors*, en donde se contaba la historia de un jardinero llamado Roger Lhormoy que afirmaba haber encontrado, bajo el suelo del castillo de Gisors, un enorme tesoro? En aquella ocasión, gracias a la información recibida por un «misterioso personaje», Gérard de Sède llegaría a la conclusión de que se trataba del mítico tesoro de los templarios. Pues bien, aquel «misterioso personaje» no era otro que Pierre Plantard, quien, tras leer un artículo de prensa escrito por De Sède en 1960, se había puesto en contacto con él con el fin de aportarle las pruebas que demostrarían la tesis del libro.

De hecho, Plantard también había sido aquel otro «informador anónimo» del que hablaba Nöel Corbu en el libro de Robert Charroux de 1962, *Tesoros ocultos: enterrados, emparedados, sumergidos,* cuando explicaba lo sucedido en Rennes-le-Château: «Yo no puedo revelarle las fuentes de mi información, pero puedo asegurarle que se trata del Tesoro de la Corona de Francia: dieciocho millones y medio de piezas de oro, de joyas, de objetos de culto, etc.»

¿Había vuelto a utilizar aquella estrategia Gérard de Sède en *La race fabuleuse*? Bastaba con llegar a su epílogo para convencerse de ello.

Allí se nos contaba la trágica muerte del marqués de B., precisamente en el transcurso de una partida de caza de jabalí en un bosque de las Ardenas —igual que Dagoberto II—, un 23 de diciembre de 1971 —el mismo día que Dagoberto II—. ¿No les parece sospechoso?

Si aún les queda alguna duda, vean cómo hallaron el cadáver del malogrado marqués:

> «Finalmente lo encontramos al pie de un árbol. Tenía la cabeza caída sobre el pecho y al principio pensé que le habían dado en el corazón porque dos pequeños hilos de sangre se cruzaron en su chaqueta de caza a la altura del pecho. Pero cuando lo recosté, vi que una bala le había atravesado la frente, encima del ojo izquierdo».

¿«Una bala le había atravesado la frente, encima del ojo izquierdo»? ¿A qué les sonaba aquello? ¿Recuerdan cómo nos contaban las antiguas crónicas la muerte de Dagoberto II?

«Él le apuñala en la frente encima del ojo izquierdo con un dardo, causándole una herida de tres dedos de profundidad y casi una pulgada de ancho». El marqués de B. se nos presentaba, pues, como un Dagoberto reencarnado, un merovingio de «sangre sagrada», en definitiva, un descendiente directo de aquellos «llegados de otras partes».

Y él mismo nos daba las claves del enigma en forma de carta *post mortem*. Vean:

> «En un bolsillo encontré un sobre con las palabras:
>
> No abrir hasta después de mi desaparición.
>
> Abrí el sobre y leí:
>
> A mi hijo.
>
> Hay un secreto en nuestra familia, pero la tradición exige que todos los que necesitan conocerlo lo busquen ellos mismos. Cuando muere, el padre solo le da a su hijo la clave que le puede permitir encontrarlo.
>
> Esta clave es el nombre de una ciudad: STENAY.
>
> Marqués de B.»

Sin embargo, a pesar de la evidente irrealidad del personaje, muchos se han empeñado —siguiendo las advertencias de Gérard de Sède: *«es de esperar que algunos expertos logren identificarlo: bien por ellos»*— en ponerle cara al escurridizo marqués. Ese es el caso de Michel Vallet, un autor prolífico, que tiene en su haber más de

250 artículos y una docena de libros sobre el misterio de Rennes-le-Château, algunos escritos bajo el seudónimo de Pierre Jarnac.

Así pues, en un artículo aparecido en diciembre de 1974 en *Intermédiaire des chercheurs et curieux* —una revista mensual francesa compuesta por preguntas y respuestas de sus lectores sobre diversos temas enciclopédicos relacionados principalmente con el arte, la historia, la genealogía, la literatura y las religiones— Vallet nos dice lo siguiente:

> «El marqués de B. no existe. Gérard de Sède quiso aquí personificar a tres personas conocidas —los informadores— se trata de Pierre Plantard, Philippe de Cherisey y del alcalde de Gisors (en los años 60) Monsieur Beyne, muerto hace algunos años en un accidente de caza».

Por lo tanto, según Michel Vallet, nuestro «informador misterioso» sería un personaje ficticio creado por Gérard de Sède mediante la fusión de estos tres señores: Pierre Plantard, Philippe de Chérisey y Émile Beyne. No podríamos estar más de acuerdo con él, aunque con una salvedad. Me explico.

Qué decir de Pierre Plantard. Como ya apuntamos, él estaba detrás de aquel «misterioso personaje» que informaría a Gérard de Sède sobre el tesoro de los templarios en Gisors; así como de la fuente anónima de la que hablaba Nöel Corbu en el libro de Robert Charroux, en relación con el misterio de Rennes-le-Château. ¿Qué impedía a Gérard de Sède de volver a colocar al Gran Maestre del Priorato de Sion en las sombras de su narración? Plantard era el *Plant-Ard* o Retoño Ardiente, el descendiente de Sigeberto IV, en definitiva, una parte de nuestro marqués de B-Frankenstein.

La otra parte era el «patafísico» Philippe de Chérisey, el noveno marqués de Chérisey —título que, sin duda, le serviría de inspiración a Gérard de Sède para crear a su «informador misterioso»—, el falsificador de los famosos pergaminos que aparecían en *El oro de Rennes* y que presuntamente habría hallado Bérenger Saunière en la iglesia de Rennes-le-Château; así como el creador de aquel panfleto que llevaba por título *Le Cercle d'Ulysse*. Ya saben.

Sin embargo, la tercera parte no la teníamos tan clara. De Émile Beyne solamente sabíamos que había sido un exoficial de Ingenieros y comandante del Cuerpo de Bomberos de Gisors, así como alcalde

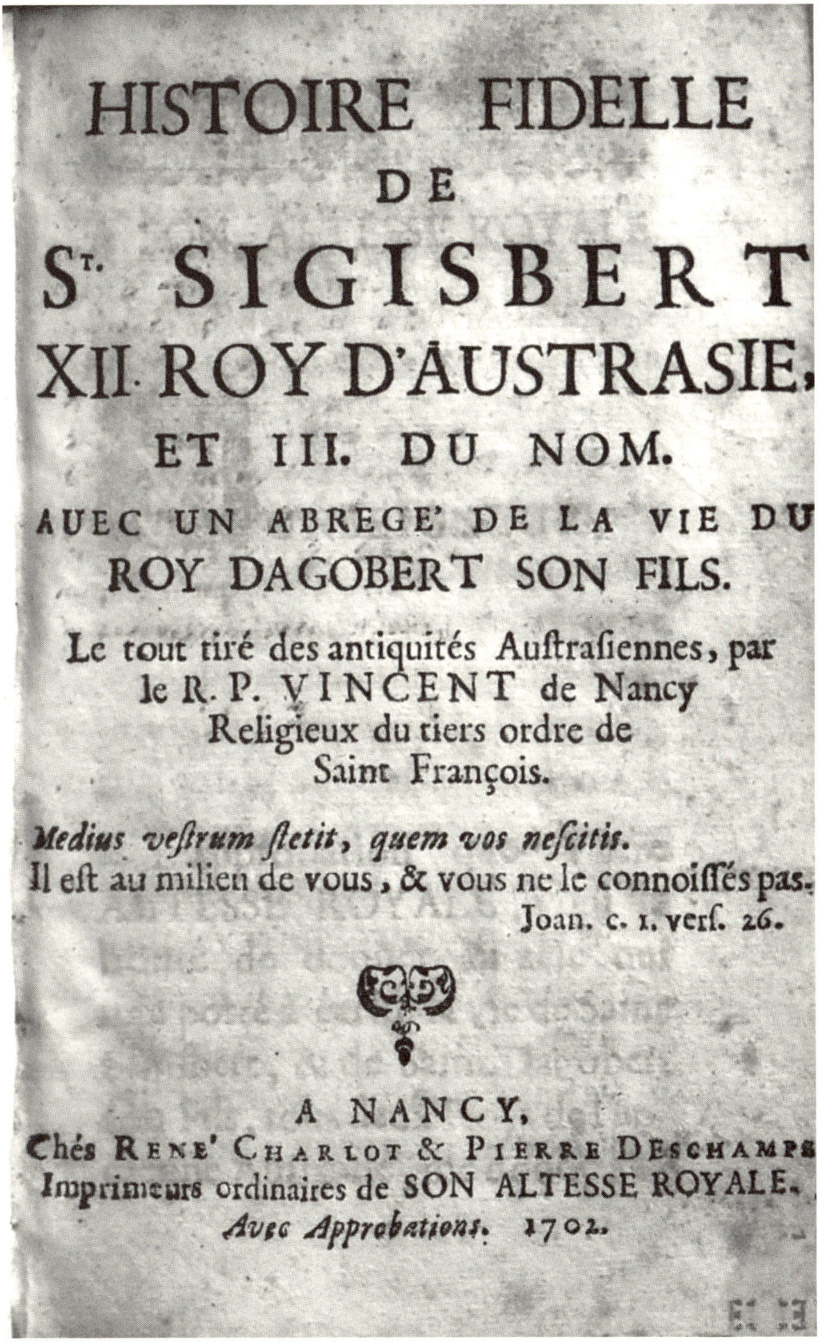

HISTOIRE FIDELLE

DE

S^T. SIGISBERT

XII. ROY D'AUSTRASIE,

ET III. DU NOM.

AUEC UN ABREGE' DE LA VIE DU ROY DAGOBERT SON FILS.

Le tout tiré des antiquités Auftrafiennes, par le R. P. VINCENT de Nancy Religieux du tiers ordre de Saint François.

Medius veftrum ftetit, quem vos nefcitis.
Il eft au milieu de vous, & vous ne le connoiffés pas.
Joan. c. 1. verf. 26.

A NANCY,
Chés RENE' CHARLOT & PIERRE DESCHAMPS
Imprimeurs ordinaires de SON ALTESSE ROYALE.
Avec Approbations. 1702.

«Él está en medio de vosotros y no le conocéis» Juan 1:26.

de la localidad en 1971 —no «en los años 60», como nos dice Michel Vallet—. Como comandante de los bomberos fue quien se ofrecería como voluntario para descender por aquella galería excavada por el jardinero Roger Lhomoy, que amenazaba con desmoronarse. Tras avanzar inicialmente por la intrincada galería, Beyne desistió a falta de cuatro metros para el final, ya que consideró que era demasiado arriesgado y que la falta de aire le impedía proseguir. Ahora bien, ¿en qué aspectos de la figura de Beyne pudo basarse De Sède para la confección de su marqués? Se nos escapan.

En cambio, sí que vemos una clara influencia en otro destacado personaje, un buscador de tesoros que a finales de los años 50 exploraría meticulosamente el subsuelo de Rennes-le-Château con su detector de metales. Por supuesto, estamos hablando de Robert Charroux, quien con sus ideas rompedoras sobre los antiguos astronautas seguro que inspirarían la delirante tesis que mantiene el marqués de B. a lo largo de toda *La race fabuleuse.*

Sea como fuere, lo cierto es que el marqués de B., antes de su desaparición de escena, nos deja una última y desconcertante perla. Y lo hace al referirse a aquel antiguo libro de Vincent de Nancy, *Histoire fidelle de Saint Sigisbert* —ya saben, aquel en el que se nos hablaba del gigante hallado bajo la iglesia de san Dagoberto—, y a una enigmática y sugerente cita del evangelista Juan que aparecía en la portada de este. Una cita, que, en aquella ubicación, más parecía una frase en clave colocada sibilinamente por el propio autor, que el producto del simple azar. Léanla y dejen volar su imaginación:

«Il est au milieu de vous et vous ne le connaissez pas» («Él está en medio de vosotros y no le conocéis») Juan 1:26.

Epílogo: El último círculo

Hemos llegado al final del camino. Sin lugar a duda, este ha sido un trayecto sorprendente, repleto de intrigas, conspiraciones, guerras fratricidas, asesinatos, magia, orígenes mitológicos, sangres sagradas, reyes perdidos, dinastías supervivientes, gigantes… y hasta visitantes del espacio exterior.

Pero, como se habrán dado cuenta, también ha sido una senda llena de «círculos»: El círculo de lis de *El oro de Rennes, Le Cercle du Lys* del Partido Merovingio, *Le Cercle d'Ulysse* de Philippe de Chérisey, el octavo círculo del infierno de Dante, el Círculo y la Lis de la sextilla de Nostradamus, el círculo del anillo y la trucha de la leyenda de Orval, el Círculo de Lis del logo de la marca de aceites ANTAR, el círculo del crómlech imaginario de *l'abbé* Boudet, los *Cercle du Lys* de los blasones de los condes de Rhedae y de la familia Plantard de Saint Clair, y si me apuran mucho, el círculo de la bola de cristal de la tumba de Childerico I —¿no es una esfera un análogo tridimensional de un círculo bidimensional?—

Pero aún nos queda un último círculo. Acompáñenme y verán…

Regresemos a Stenay, a aquel embarrado camino que conducía al corazón del bosque de Woëvre, donde se encuentra la fuente d'Arphays —actualmente llamada «Fuente de San Dagoberto» —ya saben, el lugar en donde Dagoberto II fue asesinado durante una partida de caza por unos conspiradores aquel 23 de diciembre de 679.

Como ya vimos, aquella ruta de peregrinación estuvo activa durante siglos con el fin de transportar las reliquias del rey-santo que se veneraban antiguamente en Stenay. Con el tiempo, el recuerdo de aquella ceremonia se fue apagando, hasta desaparecer por completo tras la Revolución francesa.

Sin embargo, en 1983, con el objetivo de estudiar y apoyar investigaciones sobre Dagoberto II, los merovingios y, sobre todo, recuperar el camino de peregrinación por el bosque de Woëvre, Louis Vazart —historiador e investigador local, y autor de libros como *Abrégé de l'Histoire des Francs: Les Gouvernants et Rois de la France* (1978) o *Dagobert II et le mystère de la cité royale de Stenay (1983)*— fundó una asociación llamada *Le Cercle Saint-Dagobert II.*

Su escudo estaba formado por una abeja —el símbolo de la realeza merovingia— con las alas medio extendidas, formando una especie de triángulo equilátero con la punta hacia arriba. Curiosamente, el insecto se superponía a tres círculos negros que formaban un segundo triángulo, pero esta vez con la punta hacia abajo. Y todo ello circunscrito en el interior de un hexágono encerrado dentro de un círculo. Como ya se habrán dado cuenta, la referencia al símbolo de la estrella de David es más que evidente[78].

Escudo de Le Cercle Saint-Dagobert II.

Algunos han querido ver en esa asociación una mera fachada exterior del Priorato de Sion de Pierre Plantard. Sin duda, si buscamos conexiones, las encontraremos. Sin ir más lejos, como nos

78 En la sede de *Le Cercle Saint-Dagobert II* ese mismo escudo se encuentra representado una estela de mármol flanqueado por las letras griegas Alfa y Omega, y con la fecha de 1986.

hace ver la teóloga alemana Monica Hauf —estudiosa del misterio de Rennes-le-Château desde el punto de vista del mito—, en la contraportada del primer libro de Louis Vazart, *Abrégé de l'Histoire des Francs: Les Gouvernants et Rois de la France,* aparece una fotografía de un niño sentado sobre una piedra cerca de un precipicio. Y debajo dice:

> «"El Niño domina la Piedra"
> Thomas PLANTARD de SAINT-CLAIR, nacido en 1970, el último descendiente merovingio de la rama mayor. Fotografiado en 1976 en un paisaje simbólico de Rennes-les-Bain (Aude)[79]»

De hecho, como demostraron Lynn Picknett y Clive Prince en *La revelación de Sión* (2006), Vazart habría sido un colaborador directo de Pierre Plantard. Así, el 17 de enero de 1985 en una carta de Philippe de Chérisey dirigida a Plantard —este había dimitido al frente del Priorato de Sion el 10 de julio de 1984, y De Chérisey le había sustituido— le decía lo siguiente:

> «(...) yo no participé en ningún complot para obtener tu dimisión el 10 de julio de 1984 ni mi elección como Gran Maestre el 10 de septiembre de 1984. El único responsable fue el Frère Louis Vazart con la ayuda de Lincoln, a través del Frère Gino».

Por lo tanto, habrían sido Louis Vazart, Henry Lincoln[80] y Gino Sandri[81] quienes, en realidad, habrían confabulado para desbancar a Plantard. Es más, según Pierre Jarnac (Michel Vallet) en *Les archives*

---

79 Thomas Plantard, que volvería a aparecer de niño en aquella célebre fotografía tomada en París en 1979 en brazos de su padre, acabará siendo en 1989 el sucesor de Pierre Plantard al frente del Priorato de Sion.

80 Si damos crédito a las afirmaciones de Philippe de Chérisey en dicha carta, implicaría que Henry Lincoln habría sido mucho más que un simple observador externo en lo sucedido en Rennes-le-Château.

81 El 27 de diciembre de 2002 se difundió un comunicado redactado sobre papel con membrete del Priorato de Sion anunciando al público el relanzamiento de la sociedad, firmado por Gino Sandri, quien afirmaba ser el antiguo «secretario particular» del «rey merovingio» Pierre Plantard, bajo el título de «secretario general», y por una misteriosa mujer anónima en calidad de Gran Maestre. Dicha mujer misteriosa no sería otra que la italiana Paola Menotti, procedente de las filas del Cercle Saint-Dagobert II.

du trésor de Rennes-le-Château, Vazart se habría inspirado en los *Dossiers Secrets* para la realización de sus dos obras.

Pero volvamos a aquella desconcertante frase que nos propone Vazart bajo la foto del pequeño Thomas: «El Niño domina la Piedra». ¿De qué piedra se nos está hablando?

Existe una leyenda muy conocida, principalmente entre los círculos ocultistas franceses, que cuenta que en el sótano de la iglesia de san Dagoberto en Stenay existiría una «piedra oculta» —quizá una velada alusión simbólica a la mítica Piedra Filosofal de los alquimistas, o bien, a una lápida sepulcral, en referencia a un importante entierro en aquel lugar—.

El propio Louis Vazart nos habla también de una tradición en la que los antiguos habitantes de Stenay celebraban un ritual cada 27 de diciembre en el que un niño se sentaba sobre una piedra para que, simbólicamente, tomara posesión de ella.

Pero lo más sorprendente es que dicha «piedra oculta» existe de verdad...

Miren qué nos dice al respecto *l'abbé* Vigneron en *Les grandes heures d l'Histoire de Stenay*:

> «Nos parece que esta piedra misteriosa puede explicarse como un gesto cristiano en una época en la que los cristianos eran solo un pequeño número en Stenay.
>
> Para explicarlo, hay que recordar que todas las piedras esculpidas encontradas en Stenay se hallaron en los cimientos de la basílica de St-Rémi, anterior a la iglesia de St-Dagoberto que la sustituyó en el siglo IX.
>
> Estas piedras, reutilizadas en los cimientos, eran estelas funerarias: la que estamos hablando también es una estela, pero de un tipo particular».

Y prosigue:

> «El señor Plantard, mientras trabajaba en la historia de Stenay, estudió esta estela: él cree que las letras grabadas a la izquierda y el galón dibujado a la derecha de estas letras eran una "llave" capaz de permitir a los iniciados referirse al famoso "Cuadrado Sator"».

¿El «Cuadrado SATOR»?

Seguro que habrán oído hablar de él. Se trata de una estructura con forma de cuadrado mágico compuesta por cinco palabras latinas: SATOR, AREPO, TENET, OPERA, ROTAS, que se pueden leer en todas direcciones. Se han encontrado en un gran número de hallazgos arqueológicos en diversas partes de Europa —en las ruinas romanas de Cirencester (Inglaterra); en la iglesia de San Pietro ad Oratorium, en una pared de la catedral de Siena o en la abadía de Collepardo (Italia); en el castillo de Rochemaure o en Oppède (Francia); en Santiago de Compostela (España)—, aunque el ejemplo más antiguo y célebre es el de las excavaciones de Pompeya, hallado en el año 1925.

Se han propuesto infinidad de interpretaciones —alquímicas, herméticas, cabalísticas—, pero hoy en día nadie sabe su auténtico significado. Aunque su presencia en muchas iglesias medievales induce a considerarlo como un símbolo introducido en la cultura cristiana. Desde este punto de vista, pues, y a partir de la identificación de SATOR —el sembrador— con el Creador, se ha propuesto la siguiente interpretación: «*El Creador, autor de todas las cosas, mantiene con destreza sus propias obras*».

Según *l'abbé* Vigneron, Pierre Plantard habría conseguido encontrar la clave que explicaba aquellas misteriosas letras de la piedra de Stenay: SRNPR. Así, Plantard, colocando dichas letras sobre el «Cuadrado SATOR», habría obtenido exactamente el dibujo del galón grabado en nuestra piedra.

Sin embargo, el sacerdote nos advierte que:

> «Lamentablemente, la llamada piedra de Stenay ya no se encuentra en Stenay. Fue depositada hacia 1910 por Monsieur Rivart en casa de l'abbé Mangin, párroco de Stenay, que entonces vivía en la Place du Marché. Mangin, fallecido en 1914, no presenció la extracción de la piedra en 1917 por el famoso Kronprinz (Príncipe Heredero), quien luego la hizo romper declarando (es curioso) que era el "Maestro de la Cruz". Así desapareció (nuevamente un interesante monumento para la Historia)».

Entonces, si la piedra de Stenay había sido destruida, ¿qué se encontraba en la cripta de la iglesia de San Dagoberto? Pues se trataba de una reconstrucción realizada por un tal Gino Frua, miembro del *Cercle Saint-Dagobert II*.

Reproducción de la «*piedra oculta*» de Stenay.

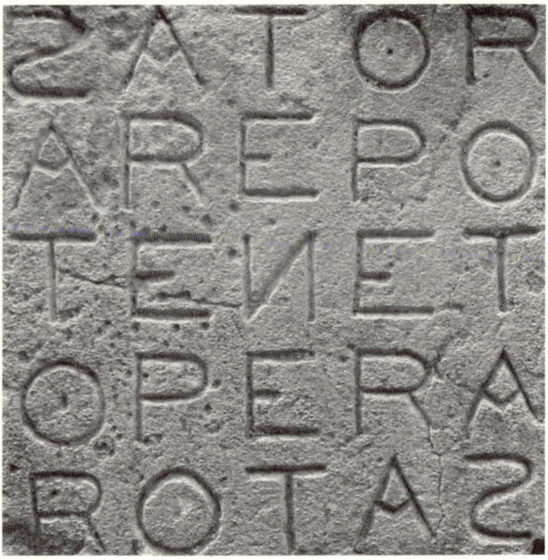

El «*Cuadrado SATOR*» de Oppède.

En cualquier caso, a pesar de la más que evidente influencia del Priorato de Sion en los inicios del *Cercle Saint-Dagoberet II*, actualmente *Madame* Raymonde Bonnefoy, su presidenta, se desmarca completamente de aquel oscuro pasado. Según ella, Pierre Plantard se había acercado al *Cercle* y este quedó «infiltrado por sus ideas y, por lo tanto, creía en esta fábula de Sigeberto IV en el Razès». Sin embargo, añade la presidenta, «Louis Vazart se dio cuenta después de unos años de que había sido manipulado y luego rechazó todas estas teorías falaces». En este sentido, *Madame* Bonnefoy se muestra contundente: «*Le Cercle* tomó entonces otra dirección: ¡a partir de ahora haríamos Historia y no historias!».

Sin lugar a duda, a lo largo de este libro se habrán encontrado con mucha Historia, pero también con muchísimas historias. Quizá ha llegado el momento de seguir los pasos de *Madame* Bonnefoy y decidir qué dirección quieren tomar. ¿No les parece?

Apéndice:
El misterioso cráneo de Dagoberto II

Y para cerrar nuestro particular «círculo», regresemos al principio…

¿Recuerdan aquel libro que compré hace casi cuarenta años en aquella librería ya desaparecida de la calle Aribau de Barcelona? Efectivamente, era *El enigma sagrado* de Michael Baigent, Richard Leigh y Henry Lincoln. Pues bien, en la portada de aquella edición de 1985 de Martínez Roca aparecía el dibujo a todo color de un ostentoso cáliz en cuyo interior había una calavera. Y en uno de los cuadernillos centrales del libro, encontrábamos una fotografía en blanco y negro de esa misma escenificación con un sugerente pie de foto: «Relicario de plata que contiene el cráneo trepanado de Dagoberto II, asesinado cerca de Stenay el 23 de diciembre de 679. El cráneo se guarda en un convento de Mons».

Como ya vimos, tras el asesinato del rey de Austrasia en el bosque de Woëvre, en las proximidades de Stenay, el monarca sería inhumado en la capilla de Saint-Rémi. Años más tarde, tras su beatificación el 10 de septiembre de 872, sus restos fueron trasladados a la iglesia de San Dagoberto de Stenay —que sobre aquella misma capilla había sido edificada por Carlos el Calvo—. Pero durante la Revolución francesa, los restos de Dagoberto II serían profanados y dispersados, conservándose tan solo el cráneo en el convento de la Hermanas Negras de Mons (Bélgica).

Pero ¿realmente era aquel el verdadero cráneo de Dagoberto II?

Veamos qué nos decía al respecto en 1919 un tal Desailly en un artículo titulado «Un cráneo trepanado conservado como reliquia», publicado en el tomo 16, nº6 del *Bulletin de la Société préhistorique française*:

«No es solo en el Mont Saint-Michel donde encontramos un cráneo trepanado conservado como reliquia. Creo que descubrí algún otro en un lugar que también recuerda al Culto a las Alturas. Es el de Dagoberto, conservado en Mons, en el convento de las Hermanas Negras.

(...) El padre Bernard de Montfaucon, en sus Monuments de la monarchie française, publicados de 1719 a 1733, escribió, en el volumen 1, las líneas siguientes sobre este tema: "En Mons, en una capilla de monjas, llamadas las Hermanas Negras, conservamos el cráneo de Dagoberto II, rey de Austrasia, toda la cabeza, excluyendo la mandíbula inferior. La frente está perforada encima del ojo izquierdo con un agujero de tres dedos de profundidad y casi una pulgada de ancho".

En 1829, un autor de Mons, Henri Delmotte, (...) examinó minuciosamente la cabeza de Dagoberto. Sabemos que este rey fue asesinado en 679 en Stenay, en un rincón de un bosque, por los partidarios de Grimoald, mayordomo de palacio. Si Dagoberto recibió en estas circunstancias un fuerte golpe en la cabeza, herida que habría merecido a quien la recibió la palma del martirio, la reliquia que todavía poseen hoy las Hermanas Negras sería de una autenticidad más que cuestionable. Así habla Delmotte de esta herida: "La frente está perforada, como dice Montfaucon, y la extensión de la herida, que comienza encima del ojo izquierdo, tiene dos pulgadas de largo; en cuanto a la profundidad, que el venerable padre ha dicho tan ingenuamente, de tres dedos, admito que no entiendo cómo se puede, debajo del hueso del cráneo, medir la profundidad de una herida, que solo se hunde en el espacio; su ancho no es de una pulgada; como máximo es una línea y el hueso no tiene ningún borde redondeado, como informa Montfaucon. Examiné esta herida con el mayor cuidado y no vi nada allí que indicara la más mínima lesión, la más mínima fractura; por el contrario, el hueso es muy liso; no hay la más mínima grieta en los bordes; y, bien considerado y sopesado todo, me convencí de que esta herida era consecuencia de golpes de lima, lo que indica por parte de quien la hizo una destreza singular en el manejo de esta herramienta. Queda por saber, añade el inteligente autor de Mons, si fue el herrero de Stenay quien mató a Dagoberto, rey de Austrasia, cortándole el cráneo, si la lima era de fabricación inglesa, etc.

Henri Delmotte no sospechaba, al escribir en 1829 estos chistes sobre cortar una calavera y los trazos de la lima aún visibles sobre el hueso, que estba abriendo así el camino al descubrimiento del misterio que todavía se esconde sobre el origen de esta reliquia frenológica. Nadie, excepto quizás las buenas hermanas, ya no cree en la procedencia real de la famosa cabeza: es necesario que mentes cultivadas den explicaciones más científicas.

Actualmente es admitido por todas las personas que han podido ver la reliquia de las Hermanas Negras que no es ni un arma de fuego ni una hoja de espada, ni un golpe contundente, los que podrían haber causado una herida que tenga la forma tan regular como la que vemos allí. Si nos remitimos a la descripción dada por Delmotte, el cráneo es liso, pulido alrededor de la lesión; en este punto solo tiene unas pocas rayas débiles, trazos de la lima, dijo Delmotte; los últimos rastros aún no curados de la herramienta que produjo la apertura del frontal. Sin embargo, todas estas pistas son precisamente las que vemos en los cráneos trepanados y curados por una reconstrucción ósea, por lo que la operación fue realizada en un sujeto vivo.

Por lo tanto, el cráneo de Mons presenta claramente todas las características de la trepanación prehistórica. (...) debe admitirse que la reliquia de las Hermanas Negras es de hecho un cráneo trepanado del período Neolítico.

Este cráneo, objeto de un culto o de un rito particular por parte de poblaciones primitivas, probablemente fue cristianizado durante la introducción del catolicismo en nuestras regiones y conservado hasta nosotros por la sola fuerza de la tradición milenaria, que atribuía a estos objetos de virtudes sobrenaturales y milagrosas. Un estudio detallado del cráneo en cuestión sería muy interesante para la ciencia. Para llevarlo a cabo con éxito bastaría con obtener un moldeado de la pieza. Lo pedí, pero dudo que podamos conseguirlo.

¿De dónde viene este cráneo? ¿Cómo entró en el convento de las Hermanas Negras? A este respecto solo podemos recoger explicaciones, más o menos fantásticas (...)»

Así pues, ya en 1829, el historiador local Henri Delmotte, en este artículo irónico, ponía en duda la autenticidad de la reliquia, reclamando un estudio detallado del cráneo y que «mentes cultivadas den explicaciones más científicas».

Sin embargo, este estudio científico aún tardaría casi dos siglos en llegar. Así, en el año 2024, Jean-Pol Beauthier, Alain Dierkens, Caroline Polet, François Beauthier y Philippe Lefèvre, todos ellos reputados especialistas de la Unidad de medicina forense y antropología forense, y del laboratorio de anatomía, biomecánica y organogénesis de la Universidad Libre de Bruselas —con la inestimable colaboración de *Le Cercle Saint-Dagobert II* y diversos historiadores locales—, publicaron un estudio histórico y antropológico del cráneo atribuido al santo rey merovingio Dagoberto II.

Cuando las últimas Hermanas Negras se marcharon del convento de Mons, este pasó a manos de la Universidad Católica de Mons, y la controvertida reliquia fue llevada a la colegiata de Sainte-Waudru, por lo que, una vez conseguida la autorización por parte del vicerrector de la UCL Mons, los investigadores fueron conducidos a la colegiata para realizar el peritaje.

Allí se encontraron con un cráneo sin mandíbula conservado en el interior de un relicario de cobre dorado, cuya creación podía remontarse hacia el 1500. Dicho relicario tenía la forma de un gran copón con una tapa semiesférica no sellada y perforada con dos agujeros que permitía observar la reliquia.

Pero al analizar el cráneo comenzaron las primeras sorpresas: se dieron cuenta de que las suturas craneales permitían establecer la edad de la muerte entre los treinta y cinco y los cuarenta y cinco años. Pero ¿no nos contaba la Historia que el monarca, cuando fue asesinado, tenía entre veintisiete y veintiocho años? Aquí ya teníamos un problema.

De hecho, el cráneo presentaba lesiones muy importantes. En el macizo facial derecho se apreciaba una fractura vertical del hueso maxilar que se extendía hasta la órbita. Sin embargo, la mayor lesión era una herida grave que atravesaba la bóveda craneal —de 72 mm de longitud, lineal y con unos sorprendentes extremos arqueados—, provocada, sin duda, por un instrumento cortante.

En este sentido, y estableciendo una comparativa entre las heridas presentadas por el cráneo y ciertas armas antiguas conservadas en el *Musée Art et Histoire* de Bruselas, los investigadores establecieron una hipótesis sobre el arma utilizada: comprobaron que solamente había un arma de la época capaz de encajar perfectamente en aquellos márgenes óseos, un hacha de tipo franciscano.

Pero lo más sorprendente de aquel estudio aún estaba por llegar. Cuando finalmente se llevó a cabo la datación por radiocarbono en el Real Instituto de Patrimonio Artístico, el resultado fue una fecha inesperada: el propietario de aquel cráneo había fallecido entre los años 1215 y 1285, con una fiabilidad del 95,4 %, lo cual negaba rotundamente la posibilidad de un asesinato cometido durante el período merovingio.

Por lo tanto, las conclusiones eran contundentes: aquel misterioso cráneo no había pertenecido a ningún rey merovingio sino a un hombre desconocido del siglo XIII herido de muerte por un arma blanca —tipo hacha de batalla con mango corto— aplicada verticalmente, fracturándole el vértice de la bóveda craneal. El filo de la cabeza del hacha debería haber sido redondeado, siendo el responsable de las apariencias arqueadas observadas en los extremos de la fractura, provocando al mismo tiempo en el centro de la lesión, un daño muy profundo y transfixiante en la bóveda.

Así pues, aquel estudio confirmaba definitivamente las sospechas de Henri Delmotte en 1829 sobre la autenticidad de la reliquia: ¡aquel no era el cráneo de Dagoberto II!

Pero, a fin de cuentas, qué más daba. Como sucede con todas las reliquias, solo tenemos que «creer» en ellas para hacerlas «reales». Es decir, que todo se reduce a tener o no tener fe, así de simple. ¿Creen en el cráneo de Dagoberto II?

¿El cráneo de san Dagoberto II?

Bibliografía

Libros

ALIGHIERI, D., *La Divina Comedia*, Alianza Editorial, Madrid, 2004.

ANÓNIMO, *Liber Historiae Francorum*, Coronado Pr, 1973.

ASLA, A., y RODRÍGUEZ, G., Ed., *Concilios de los Tiempos Merovingios*, Grupo de investigación y estudios medievales. Centro de estudios históricos. Facultatd de Humanidades. Universidad Nacional de Mar del Plata, 2019.

BAIGENT, M., LEIGH, R. y LINCOLN, H., *El enigma sagrado*, Ed. Martínez Roca, Barcelona, 1985.

BENDRISS, E., *Breve historia de los merovingios: Los orígenes de la Francia Medieval*, Editorial Dilema, Madrid, 2007.

BLOCH, M., *Los reyes taumaturgos*, Fondo de Cultura Económica, México, D. F., 2006.

BONET, X., FÁBREGA, Ó. y SABARICH, E., *Compendium Rhedae. 100 años de Rennes-le-Château*, Círculo Rojo, Almería, 2017.

BONET, X. y LORO, A., *El caballo del diablo: Jaque mate a los pergaminos de Rennes-le-Château*, Punto Rojo Libros, Sevilla, 2013.

CAGIGAL, C. y ROS, A., *El Grial secreto de los Merovingios*, Ediciones Nowtilus, Madrid, 2006.

CHARROUX, R., *Tresors du monde. enterres, emmures, engloutis*, J'ai Lu, París, 1971.

___*Histoire inconnue des hommes depuis cent mille ans*, J'ai Lu, París, 1963.

CLÉBERT, J. P., *Prophéties de Nostradamus: Les Centuries, texte intégral (1555-1568)*, Dervy, 2003.

DESCADEILLAS, R., *Mythologie du trésor de Rennes*, Savary, 1972.

DESCHNER, K., *Historia criminal del cristianismo. Tomo VI. Alta Edad Media: El siglo de los merovingios*, Martínez Roca, Barcelona, 1994.

DE SÈDE, G., *El oro de Rennes*, Plaza & Janés, Barcelona, 1970.

___*La race fabuleuse. Extra-terrestres et mythologie mérovingienne*, J'ai Lu, París, 1973.

___*Los templarios están entre nosotros*, Editorial Sirio, Málaga, 2002.
DUBY, G., y PERROT, M., *Historia de las mujeres. Vol. 2. Edad Media*, Taurus, Barcelona, 2018.
FÁBREGA, Ó., *Prohibido excavar en este pueblo*, Booket, Barcelona, 2014.
GREGORIO DE TOURS, *Historia Francorum*, Edición digital de FS, 2018.
HUGUENIN, A., *Histoire du royaume mérovingien d'Austrasie*, Publisher Durand, 1862.
JEANTIN, J. F., *Manuel de la Meuse. Histoire de Montmedy et des localités meusiennes de l'ancien Comté de Chiny*, Legare Street Press, 2022.
LORTZ, J., *Historia de la Iglesia. En la perspectiva de la historia del pensamiento, Tomo I*, EDICIONES CRISTIANDAD, S. L., Madrid, 1982.
MARTÍNEZ OTERO, L. M., *El Priorato de Sión*, Ediciones Obelisco, Barcelona, 2004.
PAUWELS, L. Y BERGIER, J., *El retorno de los brujos*, Plaza & Janés, Barcelona, 1970.
PICKNETT, L. y PRINCE, C., *La revelación de Sión*, Ed. Martínez Roca, Barcelona, 2007.
ROBIN, J., *Operación Orth*, Heptada Ediciones, Madrid, 1990.
SITCHIN, Z., *El 12 planeta*, Editorial ATE, Barcelona, 1981.
THIERRY, A., *Relatos de los tiempos merovingios*, Espasa-Calpe Argentina, Buenos Aires, 1946.
VAN BUREN, E., *Refuge of the Apocalypse: Doorway into Other Dimensions*, C.W. Daniel Company, 1986.
VAZART, L., *Dagobert II et le mystère de la cité royale de Stenay*, L. Vazart, París, 1983.
___*Abrégé de l'histoire des Francs : Les Gouvernants et rois de France*, L. Vazart, París, 1978.
VIGNERON, C., *Les grandes heures d l'Histoire de Stenay*, Livre d'histoire, 1998.
VINCENT DE NANCY, *Histoire fidelle de St. Sigisbert XII. Roy d'Austrasie et III. du nom ; avec un abregé de la vie du Roy Dagobert son fil*, Charlot & Deschamps, 1702.
VON DÄNIKEN, E., *Recuerdos del futuro*, Plaza & Janés, Barcelona, 1974.

Artículos

AGUIRRE DURAN, M. E., «Hagiografía, milagros y providencia: fundamentos teológico-históricos de la Historia Francorum de Gregorio de Tours (siglo VI)», Teol. vida [online], vol.52, n.4, 599-623. 2011.
BEAUTHIER, J. P., DIERKENS, A., POLET, C., BEAUTHIER, F. y LEFÈVRE, PH., «Le crâne attribué au saint roi mérovingien Dagobert II. Étude historique et anthropologique», Archives of Legal Medicine, 2024.